C.F.W. Walther

Beleuchtung des Stellhorn'schen Tractats über den

Gnadenwahlslehrstreit

C.F.W. Walther

Beleuchtung des Stellhorn'schen Tractats über den Gnadenwahlslehrstreit

ISBN/EAN: 9783337176051

Hergestellt in Europa, USA, Kanada, Australien, Japan

Cover: Foto ©ninafisch / pixelio.de

Weitere Bücher finden Sie auf **www.hansebooks.com**

5:

Beleuchtung

des

Stellhorn'schen Tractats

über den

Gnadenwahlslehrstreit.

———— • • • ————

Veröffentlicht

von

C. F. W. Walther.

———— ◄•►• ————

St. Louis, Mo.
„Luth. Concordia=Verlag" (M. C. Barthel, Agent).
1881.

Vorerinnerung.

Als wir bei Gelegenheit der diesjährigen Sitzungen unserer Delegatensynode in Fort Wayne den Stellhorn'schen Tractat in die Hand bekamen und lasen, da meinten wir, es verlohne sich wohl der Mühe nicht, demselben eine besondere Widerlegungsschrift entgegenzusetzen. Die Art und Weise, wie Herr Prof. Stellhorn in diesem Tractat mit der heiligen Schrift umgeht, ist so ganz und gar unlutherisch; die Verkehrungen der Worte unseres theuren Bekenntnisses, deren er sich dabei schuldig macht, sind so in die Augen fallend; die Fälschungen geschichtlicher Thatsachen, die in dem Büchlein vorkommen, sind so leicht zu erkennen; die Verdrehungen unserer Lehre, die sich der Herr Professor erlaubt, sind so grob und plump; die greulichen Lehren, die der Verfasser uns andichtet, erweisen sich so deutlich als muthwillige Anbichtungen; Synergismus und Rationalismus, wovon der Schreiber so weit entfernt zu sein betheuert, machen sich in dem Schriftchen so breit; die Verwerfung sonnenklarer Schrift- und Bekenntnißlehren, welche darin documentirt ist, ist so dreist und ungenirt ausgesprochen; die Vernunftschlüsse, mit welchen darin die reine Schriftlehre umgestoßen werden soll, sind allen christlichen gläubigen Herzen so nichtig; die feindselige Absicht, mit welcher alles geschrieben ist, ist darin für jedermann so deutlich verrathen, — daß wir meinten, es könne kaum einen Leser geben, welcher dieses alles nicht sogleich merken sollte, wenn es ihm noch um Wahrheit zu thun sei. Hierin haben wir uns aber, leider, getäuscht. Der Tractat ist nicht nur von Parteigenossen mit Begierde gelesen, als ein besonders „gediegenes" Werk hoch ge-

rühmt und mit großem Eifer verbreitet worden; hie und da haben
sich auch redliche, Wahrheit suchende Seelen gefunden, denen der
Tractat in die Hände gespielt worden ist, welche den darin geübten
Betrug nicht, wenigstens nicht durchweg durchschaut haben und die
daher durch denselben irre gemacht worden sind. So haben wir es
denn für unsere Pflicht erkannt, eine kurze „Beleuchtung" des Stell=
horn'schen Tractats zu schreiben und zu veröffentlichen.

Wir haben es für nöthig erachtet, mit Herrn Prof. Stellhorn in
dieser unserer Gegenschrift nicht allzu säuberlich zu verfahren. Wir
machen uns daher darauf gefaßt, daß über die Schärfe unserer Pole=
mik (namentlich in Deutschland, wo es Regel ist, selbst die Verfälscher
des Wortes Gottes, des Bekenntnisses und überhaupt der christlichen
Lehre zu becomplimentiren) ein großes Geschrei erhoben werden wird.
Daß Herr Prof. Stellhorn unsere auf Gottes Wort festgegründete
und in dem Bekenntniß unserer Kirche klar bezeugte Lehre, sowie
unsere Person, auf das allergreulichste verlästert hat, das findet man
ganz in der Ordnung. Daß wir, um an der Störung des Kirchen=
friedens nicht mit Schuld zu tragen, über Jahr und Tag uns ohne
Gegenangriffe geduldig in der ganzen Welt als verschmitzte Krypto=
calvinisten haben schänden lassen, auch das achtet man für etwas,
womit wir, ohne irgend Lob damit zu verdienen, nur unsere Pflicht
und Schuldigkeit gethan haben. Daß wir nun aber einmal unsern
Gegnern ihre Schafskleider abziehen, — das wird uns jedenfalls als
eine unvergebliche Sünde angerechnet werden. Wir sind aber dabei
sehr getrost. Haben uns doch schon manche, uns und der Wahrheit
freundlich Gesinnte gestanden, daß sie gerade deswegen längere Zeit
hin und her geschwankt hätten, weil man von unserer Seite so sanft
aufgetreten sei, so daß es den Anschein gewonnen habe, als ob wir
unseres Glaubens und unserer Lehre selbst nicht recht gewiß seien.
Wir sehen es daher immer deutlicher ein, daß wir es der Sache der
Wahrheit und insonderheit den Schwachen unter den Christen schul=
dig sind, unsere Gegner fernerhin nicht mehr mit der fast beispiel=

losen Schonung zu behandeln, mit welcher wir sie ein ganzes Jahr
lang behandelt haben, sondern denselben zu begegnen, wie sie es ver=
dienen; damit uns einst keine Seele vor Gott verklage, wir seien
selbst schuld daran, daß sie in den Irrthum verstrickt und eine Beute
der Irrgeister geworden seien, denn wir hätten nicht gethan, was
unseres Amtes gewesen sei; wir hätten nämlich das Gebot schändlich
vernachlässigt, welches der heilige Apostel den Kirchendienern gegeben
habe: „Zu strafen die Widersprecher, denn es sind viel
freche und unnütze Schwätzer und Verführer, sonderlich die aus der
Beschneidung, welchen man muß das Maul stopfen, die
da ganze Häuser verkehren und lehren, das nicht taugt.“
(Tit. 1, 9—11.)

Man wird uns aber vielleicht auch vorwerfen, wir richteten in
unserem Büchlein über die Herzen, und das sei verboten. Aber
mag man das behaupten. Es ist das durchaus unwahr. Wir richten
nicht über das Verborgene der Herzen, sondern über Worte und
Werke, und schreiben daher alle sich offenbarende Unredlichkeit
und Unehrlichkeit unserer Gegner nicht sowohl bewußter Bosheit, als
vielmehr der Verblendung und dem Fanatismus zu, in wel=
chen sie aus Gottes Verhängniß gerathen sind und infolge dessen sie
wirklich für die Wahrheit zu streiten sich einbilden, während sie gegen
die Wahrheit und für ihre eigenen Hirngespinste fechten.

Zum Schluß nur noch diese Bemerkung: daß es uns wahrlich
keine Freude gewesen ist, einen Mann hart anzugreifen, der uns
bisher so nahe gestanden hat, ja, der drei Jahre lang, als er studirte,
selbst einer jener „St. Louiser“ gewesen ist, die er in seinem Tractat
allein sich zur Zielscheibe seiner ungemessenen Angriffe erwählt hat.
Wie gern wären wir dieser traurigen Arbeit überhoben gewesen!
Aber Gottes Ehre und Wort, das Wohl der Kirche, deren geringer
Diener wir sind, und die Seligkeit der unerfahrenen Christen, deren
Schuldner wir sind, hat uns zu dieser kleinen Gegen= und Wehrschrift
gezwungen. Dem treuen Gott sei die Frucht derselben befohlen. Er

lasse dieselbe um des HErrn JEsu Christi willen dazu dienen, daß unsere Gegner sich durch dieselbe nicht verbittern lassen, sondern der großen Sache, um die es sich handelt, besser nachdenken, der Wahrheit, die wir bekennen, endlich auch zufallen und dann, wie es in jenem Kirchengebete heißt, „ablassen und sich mit uns frieblich und sanftmüthig zu leben begeben wollen."

Und nun nur noch die Notiz, daß die Ziffern, welche sich in diesem Büchlein nach den Citaten aus dem Concordienbuch befinden, die Seitenzahl der Müller'schen Ausgabe andeuten, welche in unserer St. Louiser Ausgabe am Rande stehen.

C. F. W. W.

Ueber das von guten Papisten und schlechten Protestanten zu=
sammengebraute sogenannte Regensburger Interim machte einst
Melanchthon folgendes Sinngedicht:

Willst du den Trug und die Mängel des Buches verbessern,
so brauchst du
Wenige Mühe, ein Strich durch das Ganze genügt. *)

Das paßt leider auch auf Herrn Prof. Stellhorn's Tractat,
welcher den Titel trägt: „Worum handelt es sich eigentlich in dem
gegenwärtigen Lehrstreit über die Gnadenwahl?" Auch dieser
Tractat kann nicht dadurch verbessert werden, daß man hie und da
etwas corrigirt; nein, nur ein großer schwarzer Strich durch jede
Seite desselben ist die einzig richtige Correctur desselben. Der
Stellhorn'sche Tractat wimmelt geradezu von lauter falschen Schlüssen,
Irrthümern, Entstellungen, Verkehrungen und Verfälschungen. Sehr
selten hat sich einmal etwas Wahres in denselben verirrt.

Der Tractat ist zwar von einem Professor geschrieben, der sich
immer auf die Unumstößlichkeit seiner Vernunftschlüsse beruft, macht
aber nicht etwa den Eindruck, als habe ihn ein gelehrter, scharf=
sinniger Mann, ein großer Philosoph geschrieben. Nein, anstatt eines
großen Philosophen offenbart sich darin ein armseliger Sophist,
das heißt, ein Mann, der, wie gewisse Advocaten, die Kunst versteht
und übt, vor gedankenlosen oder denkunfähigen Lesern aus schwarz
weiß, aus sauer süß, aus Licht Finsterniß zu machen, und umgekehrt.

Nichts desto weniger haben freilich Prof. Stellhorn's Ge=
sinnungsgenossen den Tractat um die Wette gelobt als ein überaus
„gediegenes" Opus, und die Columbuser Kirchenzeitung meldet, daß
der „vortreffliche" Tractat „einen ganz außerordentlichen Absatz —
und zwar großentheils außerhalb der Ohio=Synode" — finde. Wir

---

*) Es ist dieses die von einem deutschen Professor gefertigte Uebersetzung
folgender lateinischer Worte:

Emendare strophas hujus fraudesque libelli
Non multae possunt, una litura potest.

glauben das auch ganz gern und wundern uns darüber nicht im mindesten. Nicht nur wissen wir recht wohl, was für Mittel in Bewegung gesetzt worden sind, das traurige Machwerk auch außerhalb der eigenen Synode unter die Leute zu bringen und es selbst denen aufzuhängen, welche es gar nicht haben wollten; es gibt auch noch einen anderen Schlüssel dazu, daß so viele Stellhorn's Tractat so gerne lesen und so hoch rühmen, nämlich das alte Sprichwort: „Wer gern tanzt, dem ist gut geigen." Die Missouri-Synode ist schon längst, ja, von ihrer Entstehung an, gar vielen verhaßt gewesen wegen ihres unbeugsamen Haltens auf reine Lehre und wegen ihres ernsten Auftretens gegen alle Abweichungen von Gottes reinem Wort und von dem kirchlichen Bekenntniß, wegen ihres Kampfes gegen alle unionistische Religionsmengerei, gegen Chiliasterei und alle anderen Schwärmereien, gegen die geheimen und Lebensversicherungs-Gesellschaften, gegen das Geldmachen für kirchliche Zwecke durch Veranstaltung von Fairs, gegen Tanz und andere weltliche Eitelkeiten, gegen das gewissenlose Licenzwesen (daß man nämlich ganz untüchtigen und unwürdigen Subjecten zwar nicht die Ordination ertheilt, aber denselben einen Erlaubnißschein zum Predigen, zum Taufen und dergleichen gibt), gegen Priesterherrschaft und Knechtung der Gemeinden, gegen das Jagen nach fetten Stellen und überhaupt gegen treulose, liederliche Amtsverwaltung von Seiten der Prediger, ferner wegen ihrer Verwerfung des zeitweiligen Berufs der Prediger (daß man sie nämlich auf Aufkündigung oder nur auf eine gewisse Zeit wie Kuhhirten miethet), wegen ihres Dringens auf Kirchenzucht, auf Achtung der Gemeinderechte und -Freiheiten, auf Abhaltung kirchenregimentlicher Gemeindeversammlungen, auf Errichtung und Haltung von christlichen Gemeindeschulen, wegen ihrer Weigerung, offenbar im Unglauben Gestorbene für Geld kirchlich zu begraben u. s. w. u. s. w. So ist es denn kein Wunder, daß jetzt namentlich so viele Prediger, aber auch gar manche Laien, ja, ganze Synoden alles das mit Freuden lesen, was gegen Missouri geschrieben wird. Heimlich sind selbst in der Synodalconferenz schon längst viele unserer Synode feind gewesen; aber die Sache stand so, daß sie sich bucken mußten, wenn sie sich nicht verdächtig machen wollten; da nun aber ein Streit entstanden ist, in welchem man unsere Synode der falschen Lehre bezichtigt, nun, meint man, sei endlich die

- 9 -

Zeit gekommen, in welcher man das lästige Joch mit Anstand ab-
schütteln könne, ohne dadurch in Verdacht zu gerathen, daß man
falsche Lehre hege und liederlicher Praxis huldige, ja, da man sogar
den Ruhm davon trage, selbst Missouri gegenüber als muthige
Kämpfer für die reine, unverfälschte Wahrheit da zu stehen. Man
hofft, nun bald Missouri ganz los zu werden und singen zu können:
„Ein freies Leben führen wir.“ Unter solchen Verhältnissen ist es
daher freilich leicht, etwas zu schreiben, was von Tausenden, sowohl
von Predigern, als von Gemeinden und einzelnen Gemeindegliedern
mit Begeisterung aufgenommen wird. Mag die Schrift noch so
oberflächlich sein, mag sie noch so unsinnige Schlüsse enthalten, mag
sie Gottes Wort und die Worte des kirchlichen Bekenntnisses noch so
schmählich verdrehen, mag sie, was die Gegner geredet und geschrieben haben, noch so arg verkehren, mag sie mit noch so vielen offen-
kundigen Unwahrheiten angefüllt sein, — weil sie gegen Missouri gerichtet ist, so ist sie den Feinden desselben eine „gebiegene“, herrliche,
köstliche Schrift und der Schreiber werth, als ein muthiger Glau-
bensheld neben Luther gestellt zu werden. Da erfüllt sich, wie gesagt, das alte Sprichwort: „Wer gern tanzt, dem ist gut geigen.“

Hierzu kommt, was die Stellhorn'sche Schrift betrifft, noch
zweierlei: Erstlich gibt sich Prof. Stellhorn in seinem Tractätchen
für arglose Leser einen guten Schein und behauptet, daß er mit seinen Gesinnungsgenossen nichts anderes lehre, als was alle unsere gelehrten und frommen Theologen bald nach dem Erscheinen der Concordienformel zu lehren angefangen und von da an bis heute gelehrt
hätten. Da meinen denn viele, namentlich solche Prediger, welche
die Schriften jener Theologen nicht kennen und obwohl gut gesinnt,
jedoch schlecht unterrichtet sind: zwar solle man allerdings nach
Gottes Wort Fleisch nicht für seinen Arm halten und nicht auf jeden
Menschen sein Vertrauen setzen, namentlich in Sachen des Glaubens
und des Gewissens, aber auf solche gelehrte und fromme Menschen, wie unsere alten Theologen gewesen seien, könne man schon
vertrauen und sich verlassen; darum sei es am sichersten, man gehe
mit diesen, auch wenn Gottes Wort dagegen zu sein scheine. — Zum
andern gibt es aber auch viele liebe Leute, die ihren Pastor lieb haben und die, wenn derselbe einigermaßen versteht, seine falsche Lehre
mit der Bibel zu schmücken und unsere Lehre als eine schauerliche,

greuliche Lehre darzustellen, es nicht für möglich halten, daß ihr Pre=
biger sie betrügen werde, die ihm daher blind zufallen und uns in ihrer
Einfalt verketzern helfen.   Diese lieben Leutchen sind jenen zwei=
hundert Mann gleich, die sich durch die süßen Reden Absalom's be=
schwatzen ließen, mit ihm zu gehen, obgleich er Aufruhr gegen seinen
Vater David im Schilde führte; „aber" heißt es, „sie gingen in
ihrer Einfalt, und wußten nichts um die Sache." (2 Sam. 15,
1—11.)   Außerdem gibt es aber auch selbst in manchen lutherischen
Gemeinden rohe, wüste Gesellen, welche ohne alle christliche Erkennt=
niß und Erfahrung sind, die, wenn sie ihr Prediger nicht ernstlich
angreift, es mit ihm auf alle Fälle halten und namentlich, wenn der
Kampf gegen ernste Christen geführt wird, ihm um so treuer zur
Seite stehen.   Solche Leute sind dann die eifrigsten Leser solcher
Schriften, wie die Schrift Prof. Stellhorn's, und werden auf einmal
die hitzigsten Verfechter der angeblich „reinen Lehre", auf die sie doch
sonst nicht im geringsten etwas geben, und führen nun gegen die
geheimnißvollste Lehre der heiligen Schrift, die ein Christ mit Furcht
und Zittern betrachten sollte, die unflätigsten Reden.   Wehe dem
Prediger, der solche arme unwissende unbekehrte Menschen in einem
solchen Kampfe, wie der gegenwärtige ist, zu seiner Leibgarde macht!
Bewahrt ihn Gott vor Verstockung, so wird er seiner Zeit erfahren,
was er sich eingebrockt hat.   Aber auch in Beziehung auf diese un=
selige Klasse unserer Gegner bewährt sich, wie gesagt, das Sprich=
wort: „Wer gern tanzt, dem ist gut geigen", das heißt,
man hört ihn gern, wenn er, der Geiger, auch ein noch so schlechter
Musikus ist.

Doch genug der Einleitung.   Es wird Zeit, daß wir nun auf
die specielle „Beleuchtung" des Stellhorn'schen Tractats übergehen.

Es kann uns natürlich nicht in den Sinn kommen, alle die Irr=
thümer einzeln zu widerlegen, welche sich in Herrn Prof. Stellhorn's
Tractat vorfinden.   Es sind deren so viele, daß es zur Widerlegung
derselben eines ganzen großen Buches bedürfte.   Denn es können
eine ganze Menge Irrthümer mit wenig Worten ausgesprochen wer=
den, deren Widerlegung eine weitläufige Beweisführung erfordert.
Diese Beweisführung haben wir und unsere Mitstreiter schon an an=
deren Orten gegeben und werden dieselbe, so Gott will, noch ferner
geben.   In diesem unserem Gegenschriftchen kommt es uns haupt=

fächlich barauf an, zu zeigen, wie unehrlich und unredlich Prof. St. in feinem Tractat verfährt, um feine Irrlehre zu fchmücken und unfere auf Schrift und Bekenntniß feft gegründete Lehre umzuftoßen, ja, als greuliche Ketzerei veräftern zu können. Wir werden, um feine Unehrlichkeit und Unredlichkeit an den Tag zu bringen, ihm von Seite zu Seite folgen und das hierzu Dienende heraus heben. Das wird denn auch für Unparteiische genügen. Denn wer wird einem Manne und feiner Sache trauen, welchem nachgewiefen ift, daß er zur Beftätigung derfelben wiederholt geflunkert hat? Daß er felbft verfichert, wie Prof. St. thut, er habe feine „Antwort nach beftem Wiffen und Gewiffen gegeben, mit Wiffen und Willen nichts verdeckt oder verdreht" (S. 21), wird ihm dann nichts helfen, fondern eher den Verdacht erwecken, es habe von feiner Seite einer folchen Verficherung bedurft, um den Lefer ficher zu machen.

Doch zur Sache.

Auf der erften Seite des Textes begegnen wir fogleich der Behauptung, die Concordienformel rede „klar und deutlich von der Gnadenwahl im weiteren Sinne", und nicht im engeren Sinne, welchen Unterfchied aber „natürlich ein Paftor und Lehrer faffen und begreifen follte", was man aber „von jedem einfachen Chriften nicht fordern" könne. Diefer letztere Zufatz ift leider fchon auf der erften Seite eine nur allzu klare Belegftelle für die Unehrlichkeit, deren fich der Herr Verfaffer in feinem Tractat fo vielfach fchuldig gemacht hat. Man bedenke: Schon auf dem Titelblatt fagt er, die Frage: „Worum handelt es fich eigentlich in dem gegenwärtigen Lehrftreit über die Gnadenwahl?" fei in dem Tractat „für jeden lutherifchen Chriften einfach und deutlich beantwortet", — und fchon auf der erften Seite gefteht er ein: „Von jedem einfachen Chriften kann man nicht fordern", den Unterfchied zwifchen einer Gnadenwahl im engeren und weiteren Sinne zu „faffen" und zu „begreifen"! Bekanntlich handelt es fich aber in dem gegenwärtigen Lehrftreit vor allem um die Frage, ob unfere, oder ob die Lehre unferer Gegner die Lehre unferer lutherifchen Kirche fei, und der Hauptbeweis Profeffor Stellhorn's und feiner Genoffen dafür, daß ihre Gnadenwahlslehre die lutherifche fei, beruht ja allein darauf, daß die Concordienformel von der Gnadenwahl im weiteren Sinne rede, — und gerade von diefem

seinem Hauptbeweis sagt er, daß man von den Lesern, für die er sei
nen Tractat vor allem geschrieben habe, nämlich von den „einfachen
Christen“, nicht fordern könne, denselben zu „fassen“ und zu „be=
greifen“! Heißt das nicht, mit seinen Lesern Spott treiben? Daß
er recht habe, sollen dieselben natürlich glauben; aber daß sie seinen
Beweis dafür fassen und begreifen können, spricht er ihnen im vor=
aus ab! Verächtlicher hat wohl noch kein Schriftsteller seine Leser
behandelt und keiner denselben etwas dergleichen geboten. Warum?
— Dies ist leicht zu sagen. Erstlich darum, weil sich Herr Prof. St.
auf jenes so oft sich bewährende Sprichwort verließ, und zum andern
darum, weil er seine Behauptung eben keinem „einfachen Christen“
durch allerlei künstliche Sophistereien plausibel machen kann. In
der Concordienformel steht klar und deutlich geschrieben: „Die ewige
Wahl Gottes aber vel praedestinatio, das ist, Gottes Verordnung
zur Seligkeit gehet nicht zumal über die Frommen und Bösen,
sondern allein über die Kinder Gottes, die zum ewigen Leben
erwählet und verordnet sind, ehe der Welt Grund geleget ward.“
Ließt das nun der „einfache Christ“, so wird er sogleich einsehen, daß
die Concordienformel also nicht von einer Gnadenwahl im weiteren,
sondern im engeren Sinne rede, nämlich von einer solchen, die nicht
alle Menschen, sondern nur die auserwählten Kinder Gottes, welche
gewißlich selig werden, betreffe. Kein einfacher, auch nur halbwegs
verständiger Christ wird sich das wegdisputiren lassen. Was konnte
daher Herr Prof. St. anderes thun, als seinen Lesern sagen, so, wie
oben bemerkt, stehe freilich im Concordienbuch, aber er habe einen
schlagenden Beweis für das Gegentheil, den seine lieben Leser jedoch
nicht capiren könnten und den er daher hier nicht weitläuftig aus=
führen, sondern nur hiermit angedeutet wissen wolle; zwar bleibe
nämlich die Concordienformel allerdings dabei, daß die Wahl selbst
allein über die gewiß seligwerdenden auserwählten Kinder Gottes
gehe, aber sie sage doch auch klar und deutlich, wenn man über die
Wahl „recht und mit Frucht gedenken oder reden wolle“, daß man
dann nicht von der bloßen Wahl reden dürfe, denn zur rechten Lehre
von der Wahl gehöre mehr. Eine saubere Beweisführung! Doch
hiervon weiter unten mehr!

Ein zweiter Beleg dafür, wie „ehrlich“ Herr Prof. Stellhorn,
oder vielmehr wie unehrlich er in seinem Tractat verfährt, der sich

schon auf der ersten Seite desselben befindet, ist dieser, daß er uns wider alle Wahrheit zuschreibt, Gott habe „nach seinem freien Belieben" einige wenige Menschen erwählt! Sollte Herr Prof. St. nicht gewußt haben, daß er damit eine grobe Unwahrheit niedergeschrieben habe? — Nun, das wollen wir Gott, dem Herzenskündiger, überlassen. Aber eine grobe Unwahrheit ist und bleibt es. Wir haben ja fort und fort die Lehre verworfen und verdammt, daß die gnädige Wahl Gottes eine Willkür-Wahl sei; wir haben fort und fort die Lehre bekannt, daß diejenigen, welche nicht erwählt sind, um ihres vorhergesehenen halsstarrigen Unglaubens und muthwilligen, hartnäckigen Widerstrebens willen nicht erwählt seien; wir glauben und lehren überhaupt, daß Gott rein gar nichts thue „nach seinem freien Belieben", wenn nämlich damit gesagt sein soll, Gott habe dabei nicht seine weisen, gerechten Gründe; nur das haben wir gesagt und sagen es nochmals und werden es, so lange uns Gott in seiner Gnade erhält, fort und fort sagen, daß Gott die Auserwählten nicht um einer Ursache willen erwählt habe, die er in den Auserwählten, also im Menschen gefunden und vorausgesehen habe, sondern allein aus seiner Barmherzigkeit und um des allerheiligsten Verdienstes Christi willen; was aber Gott sonst noch für gerechte und weise Ursachen gehabt hat, gerade uns zu erwählen, das hat er uns nicht geoffenbart, darnach grübeln wir daher auch nicht, sondern sprechen mit Paulo: „O welch eine Tiefe!" (Röm. 11, 33—36.)

Gehen wir nun weiter auf die drei folgenden Seiten, nämlich auf die 4. bis 8. Seite über. Da schreibt Herr Prof. Stellhorn: „Die Hauptsache hingegen, um die es sich im gegenwärtigen Streite handelt, läßt sich so klar und deutlich machen, daß auch der schwächste Christ verstehen kann, worum es sich handelt. Und worin besteht denn nun diese Hauptsache? Man kann sie in Form einer Frage angeben. Diese Frage lautet so: Ist es richtig und lutherisch, zu sagen: die Auswahl der Personen, welche unfehlbar selig werden (also die Gnadenwahl im engeren Sinne), hat stattgefunden in Ansehung des Glaubens?" — Es ist leider auch dieses eine grobe Unwahrheit und eine unverantwortliche Verkehrung und Verfälschung des eigentlichen Streitpunktes. Wohl haben wir, welche Prof. St. die St. Louiser nennt, den von dem Theologen Aegibius Hunnius nach Chemnitzens Tod in die Kirche eingeführten Lehrtropus: „Wir sind in Ansehung des Glaubens erwählt", als einen verfehlten immer gemieden und uns gegen denselben darum erklärt, weil er erstlich weder aus der heiligen Schrift, noch aus unseren Glaubensbekenntnissen genommen ist und daraus nicht erwiesen werden kann, und zum andern, weil er auch sehr mißverständlich ist und leicht auf allerlei Irrthümer führen kann, namentlich auf den Irrthum, als sei der Glaube des Menschen eigenes Werk und eigene That, durch die er es sich verdient habe, daß ihn Gott schon von Ewigkeit zur Seligkeit erwählte. Die neueren, gläubig sein wollenden Theologen in Deutschland machen auch wirklich den Glauben und die ganze Bekehrung zu einem Werk des Menschen. So schreibt z. B. der Leipziger Professor Luthardt: „Der Glaube ist freier Gehorsam, den der Mensch leistet. Die Bekehrung ist des Menschen eigene That. Der göttlichen Berufung gegenüber hat der Mensch Freiheit der Abweisung oder Annahme. Die Bekehrung ist die sittliche Selbstthat des Menschen." Dahin hat die Lehre, daß die Auserwählten in „Ansehung des Glaubens" erwählt seien, geführt oder dazu wird sie doch von den neumodischen gläubigen Theologen ausgebeutet; zu offenbarem Pelagianismus! Daher haben denn auch diejenigen lutherischen Theologen, welche sich streng an unsere Concordienformel gehalten haben, von einer Erwählung in Ansehung des vorausgesehenen Glaubens nichts wissen wollen. Es antwortet daher z. B. Selnecker, der Mitverfasser der Concordienformel, auf die Frage: „Ist der vorausgesehene Glaube die Ursache der Erwählung?" im Jahre 1586 unter anderem dieses: „Wollte man den vorausgesehenen Glauben die Ursache der Erwählung nennen, so könnte leicht der falsche Wahn von unserer vorausgesehenen Würdigkeit, und nicht nur von den Verdiensten des Glaubens, als unserer Qualität, sondern auch unserer anderen guten Werke, die Gemüther einnehmen." (In omnes epp. Pauli commentar. I, 213. sq.) So entschieden wir nun darum den Ausdruck: „Wir sind in Ansehung des Glaubens erwählt", immer vermieden und von uns abgewiesen haben, so haben wir denselben doch nie verketzert, sondern immer geduldet, wenn ihn unverdächtige Männer gebraucht haben. Hätten daher unsere Gegner weiter nichts gethan, als daß sie diesen Ausdruck gebraucht hätten, so würden wir sie nie deswegen als Irrgeister angegriffen haben. Denn diesen Ausdruck kann man allerdings in einem solchen Sinn gebrauchen, daß dabei kein Artikel des christlichen Glaubens umgestoßen wird. Es ist darum eine grobe Unwahrheit, wenn Herr Prof. St. in seinem Tractat sagt, die „Hauptsache" in unserem Streit sei die Frage: „Ist es richtig und lutherisch, zu sagen: Die Auswahl der Personen, welche unfehlbar selig werden, hat stattgefunden in Ansehung des Glaubens?" Nein, es kommt hierbei darauf an, wie man das „in Ansehung des Glaubens" versteht, ob man nämlich damit sagen will, Gott habe sich bei der Wahl nach dem vorausgesehenen Verhalten des Menschen gerichtet und dergleichen, wie dies denn unsere Gegner lehren; wovon wir aber später ausführlicher zu sprechen Gelegenheit haben werden.

Auf Seite 6 bis 8 führt Herr Prof. St. mehrere Stellen aus dem großen Werke des berühmten Johann Gerhard über die christliche Glaubenslehre an, womit er beweisen will, daß die Lehre von der Erwählung „in Ansehung des Glaubens" echt lutherisch sei. Zwar hätte er dies aus den Bekenntnißschriften unserer lutherischen Kirche zu erweisen versuchen sollen, denn nur daraus kann man mit Sicherheit beweisen, daß eine in unserer Kirche bestrittene Lehre wirklich lutherisch sei. Allein dieses wollen wir für jetzt Herrn Prof. St. noch schenken. Wir müssen ihm aber sagen und er weiß es selbst gar zu gut, wenn er mit seinen Streitgenossen nichts anders gelehrt hätte, als Gerhard in den citirten Stellen lehrt, so würden wir ihm zwar nicht zugegeben haben, daß dieses die echt lutherische, schrift= und bekenntnißgemäße Lehrdarstellung sei, aber wir würden ihn deswegen nicht für einen Irrlehrer erklärt, sondern seinen Respect vor Gerhard geehrt, und ihn geduldet haben. Aber freilich aufgepaßt würden wir haben, ob er mit seinen Streitgenossen das „in Ansehung des Glaubens" auch wirklich wie Gerhard verstehe; denn daß er, der Herr Tractatschreiber, noch lange weder ein großer, noch ein kleiner Gerhard unseres Jahrhunderts sei, dem man von vornherein als einem bewährten rechtgläubigen Lehrer zu glauben habe, das wird er hoffentlich selbst zugestehen, trotz aller Schmeicheleien, mit denen ihn jetzt seine Gesinnungsgenossen überhäufen. Und wir haben aufgepaßt, und befinden, daß er mit

seinen Streitgenossen wirklich weit über Gerhard hinausgegangen
ist und die Gefahr nicht vermieden hat, welche mit der Lehrform
„in Ansehung des Glaubens" verbunden ist. Summa: die „Haupt=
sache" in unserem Streit ist nicht, wie Prof. St. behauptet, diese, ob
es recht ist, von einer Erwählung „in Ansehung des Glaubens" zu
reden, sondern vielmehr: ob es recht ist, diesen von Aegidius
Hunnius in unsere Kirche eingeführten vieldeutigen Ausdruck zum
Schanddeckel einer synergistischen Gnadenwahlslehre zu machen und
auf diese Weise die wirkliche Lehre, daß es eine Gnadenwahl gebe,
ganz aus der christlichen Religion hinauszuthun, und ob es daher
nicht recht wäre, um der neuen Synergisten willen, die ihre erschreck=
liche Irrlehre hinter dem Ausdruck „in Ansehung des Glaubens"
verstecken, denselben wieder ganz abzuschaffen und nicht fernerhin
zu dulden. Denn die Kirchengeschichte lehrt, daß schon oft recht=
gläubige Lehrer verkehrte Redeweisen in die Kirche eingeführt haben,
welche man später um gewisser Irrgeister willen, die diese Redeweisen
zum Deckmantel ihrer Ketzerei machten, verpönt hat.

Auf der 8. Seite sagt Herr Prof. Stellhorn: „Und das ist die
einstimmige Lehre **aller** unserer treu lutherischen Theologen, die auf
diesen Punkt eingingen, über den man erst nach der Veröffentlichung
der Concordienformel mit Huber und den Calvinisten in Streit ge=
rieth." Ja, er setzt auf diese kecke Behauptung auch noch den
Trumpf: „Wer sagt, daß dem nicht so sei, der kennt ent=
weder die Sache nicht und sollte dann billig schwei=
gen, oder er verkehrt wissentlich die Wahrheit." Es ist
aber auch das ein Faustschlag in das Gesicht der geschichtlichen Wahr=
heit. Da aber die Herrn Pastoren A. Wagner in Chicago und R.
Pieper in Manitowoc, Wis., diese Geschichtsverfälschung bereits zur
Beschämung Hrn. Prof. Stellhorn's und des Redacteurs von „Altes
und Neues" aufgedeckt, unwidersprechlich nachgewiesen und an den
Pranger gestellt haben in dem Juni-Heft von „Lehre und Wehre",
so halten wir es für unnöthig, noch mehr vernichtende Gegenzeugnisse
beizubringen, sondern verweisen diejenigen, welche sich davon über=
zeugen wollen, wie dreist und vermessen Hr. Prof. St. eine geschicht=
liche Unwahrheit betheuert habe, auf die beiden ausgezeichneten
Artikel der genannten Herren Pastoren in „Lehre und Wehre." Wir
wollen gern annehmen, daß es Hrn. Prof. St. noch an einer voll=

ständigen Bekanntschaft mit den Schriften unserer älteren Theo=
logen fehlt, daher er wirklich auch hier die Wahrheit zu schreiben
wähnte; immerhin ist es aber sehr ungewissenhaft, bei solcher
mangelnden Bekanntschaft so absprechend zu reden. In solchen
historischen Dingen schmückt einen neuen Professor der Theologie be=
scheidenes Auftreten mehr, als eine affectirte Sicherheit. Wir
gehen mit den Schriften unserer alten Theologen nun schon fast fünf=
zig Jahre lang tagtäglich um; aber wir würden es für eine Toll=
kühnheit ansehen, würden wir mit Hrn. Prof. St. in Bezug auf
irgend einen speciellen Lehrausdruck sagen: „Das ist die einstimmige
Lehre aller unserer treu lutherischen Theologen, die auf diesen Punkt
eingingen.“ Selbst wenn es uns nicht schon die Wahrhaftigkeit ver=
böte, so zu reden, so würden wir doch bedenken, daß man wohl vor
einer unwissenden Menge so sprechen könne, die sich der mirakulosen
Gelehrsamkeit des Sprechenden, wie man zu sagen pflegt, des Todes
verwundert; daß es aber gefährlich ist, mit dergleichen vor das große
Publikum herauszutreten, in welchem es immer Leute gibt, welche
mehr wissen, als der Schreiber. Selbst ungemessenes Lob von
Freunden muß man sich nicht so zu Kopfe steigen lassen, daß man
meint, man könne doch wohl dergleichen Trümpfe aufspielen, wie der
Hr. Verfasser unseres Tractats thut. Der Rath des heiligen Augu=
stinus ist jedenfalls beachtenswerth: „Nec amico laudanti, nec
inimico detrahenti fides adhibenda“, das heißt: Man darf weder
den Lobeserhebungen seiner Freunde, noch den Verkleinerungen seiner
Feinde Glauben schenken. Uebrigens halten wir es doch für unsere
Pflicht, um Hrn. Prof. St. zu besserer Selbsterkenntniß zu verhelfen,
ihn daran zu erinnern, daß Chemnitz in seinem „Handbüchlein“
schreibt: „So folget auch die Wahl Gottes nicht nach unserem
Glauben und Gerechtigkeit, sondern gehet fürher als eine
Ursache dessen alles, denn, die er verordnet oder erwählet
hat, die hat er auch berufen und gerecht gemacht, Röm 8.“ Diese
Stelle hat aber auch Hr. Prof. St. gekannt, und er hat gewußt,
daß Chemnitz im Jahre 1586 auf sein Handbüchlein und also auch auf
diese Stelle gestorben ist. Wie konnte er also schreiben: „Und das
ist die einstimmige Lehre aller unserer treu lutherischen Theo=
logen, die auf diesen Punkt eingingen“, während er wenigstens so
viel wußte, daß Chemnitz nicht eingestimmt hat?! Wir schreiben

2

das einer Verblendung zu, die ihn selbst das ihm Wohlbekannte zeit=
weilig ganz vergessen machte.

Wie aber Herr Prof. St. mit der Geschichte der Vergangenheit
umgeht, so auch — es scheint dies freilich unmöglich — mit That=
sachen der Gegenwart. Er schreibt nämlich ebenfalls auf der
8. Seite: „In diesem Streite" (ob die Wahl in Ansehung des
Glaubens geschehen sei) „sagten unsere lutherischen Vorväter
.genau dasselbe, was wir jetzt sagen, und die Calvinisten
betreffs dieses Punktes genau das, was jetzt die
St. Louiser behaupten." Auch dieses ist eine zwar sehr gelassen
ausgesprochene, aber offenbare Unwahrheit. Wohl haben auch die Cal=
vinisten die Erwählung in Ansehung des Glaubens verworfen; aber
in welchem Sinne und warum? Darum, weil sie eine absolute
Gnadenwahl lehren. Sie lehren nämlich, Gott habe von Ewigkeit
eine Anzahl Menschen aus bloßer Willkür zur Seligkeit,
eine andere Anzahl von Menschen ebenfalls aus bloßer Will=
kür zur Verdammniß geschaffen und erwählt. Was die
so zur Seligkeit Erschaffenen und Erwählten betrifft, so habe daher
Gott beschlossen, sie allein durch Christum zu erlösen, durch das
Evangelium ernstlich zu berufen, denselben durch eine unwider=
stehliche Gnadenwirkung einen unverlierbaren Glauben
zu geben und sie, wenn sie auch, wie David und Petrus, in Todsün=
den fallen würden, in seiner Gnade und im Glauben zu erhal=
ten, und so sie ewig selig zu machen. Hingegen, was die zur Ver=
dammniß Geschaffenen und Erwählten betrifft, so habe Gott be=
schlossen, dieselben in ihrem Verderben liegen zu lassen, sich
ihrer nicht zu erbarmen und an ihnen vorüberzugehen, sie
nicht erlösen zu lassen, sie nicht ernstlich zu berufen, ihnen
den Glauben nicht anzubieten noch zu geben, ihnen die
Gnade zur Bekehrung nicht kräftig anzubieten, sondern sie
ohne alles Erbarmen zur Offenbarung seiner strengen Gerechtigkeit,
zwar um ihres Unglaubens und um ihrer Sünden willen, daraus
er sie aber gar nicht erretten wolle, zur Hölle zu verstoßen.
Diese calvinistische Lehre verwerfen und verdammen wir aber als
eine gotteslästerliche von Grund unseres Herzens und lehren im
Gegentheil mit ganzem Ernste, daß Gott alle Menschen von Ewigkeit
geliebt habe, daß er sich aller erbarmen und sie alle ewig selig machen

wolle, daß er sie daher auch alle durch Christum mit sich versöhnt und vollkommen erlös't habe, daß er sie alle ernstlich durch das aller Creatur zu predigende Evangelium berufe, ihnen allen die Gnade zum Glauben und zum Beharren im Glauben anbiete, durch seinen Heiligen Geist an ihren Herzen anklopfe und arbeite und daß daher alle Nicht-Erwählten nur um ihres muthwilligen und hart= näckigen Widerstrebens willen nicht erwählt sind und ewig verloren gehen. Zugleich glauben wir aber auch, daß diejenigen, welche Erwählte sind, nicht um ihres vorhergesehenen Glaubens oder um irgend etwas Guten willen, was Gott in ihnen vorausgesehen hätte, sondern allein aus seiner Barmherzigkeit und um des allen Menschen erworbenen Verdienstes Christi willen erwählt seien. Wir glauben, lehren und bekennen, daß sie Gott nicht, wie die Calvinisten sagen, erst unbedingt und absolut zur Seligkeit erwählt und dann hinterdrein beschlossen habe, ihnen zur Erlangung der Selig= keit den Glauben als das Mittel zu geben, sondern daß sie Gott zu= gleich zu allem dem erwählt habe, „so da“, wie unser Bekenntniß spricht, „unsere Seligkeit und was zu derselben gehöret, schaffet, wirket, hilft und befördert“, also freilich auch, und zwar vor allem, zum Glauben; wie denn die Concordienformel Seite 705 dieses ausdrücklich sagt, wenn sie zum Beweis der an= geführten Worte die Stelle Apostg. 13, 48. citirt: „Und wurden gläubig, wie viel ihrer zum ewigen Leben verordnet waren.“ Wir glauben, lehren und bekennen daher auch, daß nach Gottes Wort der gerechte Gott keinen Menschen absolut zur Selig= keit hätte erwählen können, wenn er ihn nämlich nicht hätte er= lösen lassen und wenn er ihn nicht zugleich zum Glauben erwählt, das heißt, nicht zugleich beschlossen hätte, ihm den Glauben zu schen= ken; denn außerhalb Christo ist kein Heil (Apostg. 4, 12.) und „ohne Glauben ist's unmöglich, Gott gefallen.“ (Ebr. 11, 6.) Wenn daher die Calvinisten nichts von einer Erwählung „in Ansehung des Glaubens“ wissen wollen, so bedeutet das etwas ganz anderes, als wenn auch wir diese Lehre zurückweisen. Die Calvinisten thun dies, wie gesagt, weil Gott nach ihrer Lehre erst zur Seligkeit absolut, ohne Rücksicht auf Christum und auf den Glauben erwählt hat; wir thun dies, weil Gottes Wort lehrt, daß Gott nicht nur beschlossen hat, uns die Seligkeit, sondern zugleich

ben Glauben aus Gnaden zu schenken, weil also die Wahl zur
Seligkeit und zum Glauben zusammenfällt. Es ist darum eine infame
Verkehrung unserer Lehre, wenn man uns, wie oft geschieht, beschul=
bigt, daß wir den Glauben von der Gnadenwahl ausschlössen, und
baher die Lehre vom Seligwerden allein durch den Glauben zurücksetz=
ten, weil wir ja von einer Erwählung in Ansehung des Glau=
bens nichts wissen wollten. Gerade wir achten vielmehr den Glauben
zum Seligwerden für so nothwendig, daß wir glauben, lehren und
bekennen, Gott habe nach Röm. 8, 29. 30. die Auserwählten erst
zur Berufung, und somit zum Glauben (nicht der Zeitfolge, sondern
der Natur der Sache nach) und zur Rechtfertigung, und dann zur
Seligkeit erwählt. Aber wir weisen eine Lehrweise ab, nach welcher
es scheinen könnte, als ob Gott den Menschen zwar die Seligkeit
aus Gnaden, aber nicht den Glauben aus Gnaden zu schenken von
Ewigkeit beschlossen, sondern darauf gesehen habe, ob der Mensch sich
selbst zum Glauben entschließen werde.

Vielleicht wird aber Herr Prof. Stellhorn sagen: So seid ihr
also doch wenigstens betreffs dieser Frage mit den Calvinisten
einig, ob die Erwählung in Ansehung des Glaubens geschehen
sei? Wir antworten: Es ist wahr, sie sagen dazu nein, und wir
sagen dazu nein. Aber welcher Schluß kann alberner sein, als,
daraus zu schließen, daß wir also genau dasselbe behaupten, als was
die Calvinisten behauptet haben und noch behaupten? Die Calvi=
nisten sagten und sagen nein, weil sie eine absolute Wahl lehren und
den Glauben von derselben gänzlich ausschließen; wir dagegen sagen
nein, weil wir die absolute Wahl verwerfen und den Glauben in
dieselbe einschließen. Wir behaupten daher etwas himmelweit Ver=
schiedenes von dem, was die Calvinisten behaupten. Wir wollen
dies für die Einfältigen noch durch einige Beispiele aus anderen
Lehren klar machen. Die Calvinisten sagen zu der kapernaiti=
schen Lehre, daß Christi Leib im heiligen Abendmahl fleischlich
gegenwärtig sei, nein und bedienen sich des Ausdrucks, der Leib
Christi sei im heiligen Abendmahl vielmehr geistlich gegenwärtig;
ebenso sagt auch unser Bekenntniß zu der kapernaitischen Lehre, daß
Christi Leib im heiligen Abendmahl fleischlich gegenwärtig sei,
nein und es bedient sich ebenfalls des Ausdrucks, der Leib Christi sei
im heiligen Abendmahl vielmehr geistlich gegenwärtig. (S. 670.)

Behauptet damit aber unfer Bekenntniß daſſelbe, was die Calviniſten behaupten? Nein; denn die Calviniſten ſagen darum zu der kapernaitiſchen Lehre von einer fleiſchlichen Gegenwart Chriſti im heiligen Abendmahl nein und nennen dieſe Gegenwart darum eine geiſtliche, weil ſie gar nicht an die wirkliche, weſentliche Gegenwart des Leibes Chriſti glauben; unſer Bekenntniß dagegen ſagt darum nein und nennt die Gegenwart darum eine geiſtliche, weil daſſelbe nach Gottes Wort lehrt, daß die Gegenwart zwar eine wirkliche ſei, aber auf übernatürliche himmliſche Weiſe geſchehe. Unſer Bekenntniß behauptet daher über den Punkt von Chriſti Gegenwart im heiligen Abendmahl etwas von dem total Verſchiedenes, was die Calviniſten behaupten, obwohl unſer Bekenntniß und die Calviniſten einſtimmig ſind ſowohl in der Verwerfung des einen, als in der Annahme des anderen Wortes. — Ferner, die Calviniſten verwerfen die papiſtiſche Ohrenbeichte, die Lutheraner auch. Behaupten darum Calviniſten und Lutheraner eins und daſſelbe? Nein; denn die Calviniſten verwerfen die Ohrenbeichte der Papiſten darum, weil ſie nicht glauben, daß Chriſtus durch ſeine Kirche ſeinen Dienern die Macht gegeben habe, Sünden wahrhaftig zu vergeben; die Lutheraner dagegen verwerfen die papiſtiſche Ohrenbeichte nur darum, weil man in derſelben alle Sünden erzählen muß und weil nach den Papiſten die Abſolution hierauf und nicht auf die Kraft des Evangeliums gegründet iſt. Auch in dieſem Punkte behaupten daher die Lutheraner etwas durchaus Anderes, als was die Calviniſten behaupten, obwohl ſie im Ausdruck zuſammentreffen. Und ſo iſt es auch mit der Lehre von der Erwählung in Anſehung des Glaubens bewandt. Wenn unſere alten Dogmatiker dieſe Lehre gegen die Calviniſten und wenn unſere neuen Gegner dieſe Lehre gegen uns zu vertheidigen ſuchen, ſo iſt das etwas total Verſchiedenes. Unſere alten Dogmatiker kämpften da gegen einen wirklichen ſchweren Irrthum, nämlich gegen die calviniſche abſolute Prädeſtination; unſere Gegner aber kämpfen da gegen einen Strohmann, den ſie ſich ſelbſt erdichtet, gegen einen Irrthum, den ſie uns erſt angedichtet haben, und leider gegen eine hochwichtige und hochtröſtliche Wahrheit, die in Gottes Wort hell und klar wie mit Sonnenſtrahlen geſchrieben ſteht und die unſere Kirche in ihren Bekenntniſſen ſo feierlich wiederholt hat, nämlich gegen die Wahrheit, daß allein die Barmherzigkeit

Gottes und das allerheiligste Verdienst Christi und nichts in uns die Ursache unserer Wahl gewesen sei, um welcher willen Gott uns zum ewigen Leben erwählt habe. (S. Concordienbuch, Müllers Ausgabe, Seite 557. § 20. und 723. § 87. 88.)

Auf Seite 9 seines Tractats kommt Herr Prof. Stellhorn auf ein Zeugniß für die Lehre von der Erwählung „in Ansehung des Glaubens“, welches er auch bei Luther gefunden haben will, nämlich in einem Briefe, welcher von uns im „Lutheraner“ vom vorigen Jahre Seite 52. f. zum Theil mitgetheilt worden ist. Der Brief ist ihm offenbar erst durch unsere Mittheilung bekannt geworden. Er nimmt es daher für eine ausgemachte Sache, daß der Brief am 8. August 1545 geschrieben worden sei, während dies nur eine Vermuthung Seidemanns ist, gegen die wir jedoch Einspruch zu erheben keine Ursache haben. Er meint auch, die von ihm citirten Worte seien Luthers eigene Worte, während dieselben von Luther nur citirte, aber natürlich von ihm gutgeheißene Worte Prosper's von Aquitanien sind, welcher bekanntlich mit seinem hochverehrten und von ihm in vielen Schriften vertheidigten Lehrer Augustinus die Lehre, daß die Erwählung auf das Vorausschen des Glaubens gegründet sei, auf's entschiedenste verworfen hat. Daß Herr Prof. Stellhorn dies alles nicht gewußt hat, wollen wir ihm zu keinem Verbrechen anrechnen. Seufzte doch jener große Gelehrte: „Quantum est, quod nescimus!“ das heißt: Wie viel gibt es, was wir nicht wissen! Zweierlei aber können wir Herrn Prof. St. nicht schenken. Er citirt folgende von Luther citirte Worte Prosper's: „Diejenigen, von welchen es heißt: ‚Sie sind von uns ausgegangen, aber sie waren nicht von uns‘ u. s. w. (1 Joh. 2, 19.), diese sind mit Willen ausgegangen, mit Willen gefallen. Und weil sie als solche, welche fallen würden, vorausgewußt waren, so sind sie nicht prädestinirt worden. Sie wären aber prädestinirt worden, wenn sie wieder umgekehrt und in der Heiligkeit geblieben wären.“ Herr Prof. St. setzt nun Folgendes zu diesen Worten hinzu: „Da sagt also Luther“ (sollte heißen, Prosper) „mit klaren, dürren Worten, daß das Auswählen der Personen sich gerichtet habe und abhängig gewesen sei vom Vorauswissen Gottes. Von wem er vorauswußte, daß er abfallen und im Abfall bleiben würde, den hat er nicht erwählt; hätte er aber von ihm vor=

ausgewußt, daß er Buße thun und in der Heiligkeit und Wahrheit
bleiben würde, so hätte er ihn auch erwählt, eben so gut wie die an=
deren, von denen er dies vorherwußte. . . . Luther hat dem Sinne
nach und sogar beinahe (!) den Worten nach mit uns und unseren
Vätern gelehrt: Gott hat in Ansehung des Glaubens erwählt.“
Herr Prof. St. begeht hier den argen Fehler, daß er es so darstellt, als
ob Prosper die Worte: „Und weil sie als solche, welche fallen wür=
den, vorausgewußt waren“, die von den Nicht=Prädestinirten
handeln, zu dem zweiten Satze, welcher von den Prädestinirten
handelt, in Gedanken hinzugesetzt habe und vom Leser hinzugedacht wis=
sen wolle. Damit schiebt aber Herr Prof. St. nicht nur dem Prosper
und zugleich Luther eine Lehre unter, welche beide verworfen haben,
sondern er bringt sich dadurch auch mit sich selbst in Wider=
spruch. Auch er lehrt ja mit unseren rechtgläubigen Theologen, daß
wir nicht darum erwählt sind, weil Gott unseren Glauben oder gar
unser Bleiben „in der Heiligkeit“ vorausgesehen habe. Wie denn z. B.
Hunnius schreibt: „Wenn in dem Handel und Artikel von der Gna=
denwahl der Glaube eingeführt wird, hat es nicht die Meinung, . . .
daß wir von Gott darum erwählet wären, dieweil er zuvor von
Ewigkeit ersehen, daß wir an Christum glauben würden.“
(S. Wittenberger Consilien. I, 569.) Wie kann also Herr Prof. St.
es so darstellen, als ob Prosper und mit demselben Luther, weil sie
die Nicht=Erwählung auf das Vorauswissen gründen, auch die
Erwählung darauf gründeten, und wie kann sich Herr Prof. St.
dazu als der rechten biblisch=lutherischen Lehre bekennen? Er wird
vielleicht einwerfen: Hat denn Gott nicht wirklich alle diejenigen er=
wählt, von welchen er voraussah, daß sie zum Glauben kommen
und in demselben bis an das Ende verharren würden? Wir ant=
worten: Ja freilich! So zu lehren, haben wir nie verworfen, sondern,
recht verstanden, ausdrücklich gebilligt. (Siehe „Lehre und Wehre“
VII, 37. IX, 300. XVIII, 132.) Was wir verworfen haben, ist
dieses, daß die Wahl in dem Sinne „in Ansehung des Glaubens“
geschehen sei, daß uns Gott erwählt habe, weil er unseren Glauben
oder gar unser gutes „Verhalten“ gegen die Gnade vorausgesehen
habe. — Hierzu kommt nun zum andern, daß Herr Prof. Stellhorn
bei seinem Citat aus jenem Briefe Luthers nicht ehrlich ver=
fahren ist. Wollte er ehrlich beweisen, daß Luthers oder Prospers

Meinung wirklich diese sei, daß nicht nur gewisse Menschen darum
nicht prädestinirt worden seien, weil er sie als solche, welche fallen
würden, vorausgewußt habe, sondern daß andere Menschen auch dar=
um prädestinirt worden seien, weil sie als solche, welche sich be=
kehren und in der Heiligkeit und Wahrheit bleiben würden, voraus=
gewußt habe, — wollte Prof. St., wie gesagt, dieses ehrlich beweisen,
dann hätte er dies aus der ganzen Lehre von der Gnadenwahl, die der
Brief enthält, nachweisen müssen. Das hat er aber klüglicherweise nicht
versucht, weil er wohl sah, daß die ganze Lehre des Briefes von der
Wahl seine Auffassung widerlege. Er kann sich auch nicht damit
ausreden, daß er ja den Brief nicht vor sich gehabt und nur aus dem
„Lutheraner" jene Stelle citirt habe; denn im „Lutheraner" ist der
ganze Brief bis auf eine kurze Stelle (die aber ebenfalls wider ihn
spricht) mitgetheilt worden. So heißt es nämlich u. a. in dem
Briefe: „Wenn übrigens nach göttlichem Verstand (so viel die
Unveränderlichkeit Gottes betrifft) geredet werden sollte, so muß
das Urtheil fest stehen: daß derjenige, welchen Gott vor Grundlegung
der Welt erwählt habe, nicht verloren gehen könne; denn
niemand wird die Schafe aus der Hand ihres Hirten reißen; welchen
er aber **verworfen habe, daß derselbe nicht selig werden könne,
wenn er auch alle Werke der Heiligen gethan haben sollte.** . .
‚Die Prädestination' (von hier an beginnen Prospers Worte bis
zum Schluß) ‚macht daher auf keine Weise, daß irgend welche (Men=
schen) aus Kindern Gottes Kinder des Teufels werden, oder aus
einem Tempel des Heiligen Geistes ein Götzentempel, oder aus Christi
Gliedern Hurenglieder; sondern die Prädestination **macht** viel=
mehr, daß aus Kindern des Teufels Kinder Gottes
werden, daß aus einem Götzentempel ein Tempel des
Heiligen Geistes werde und daß aus Hurengliedern
Glieder Christi werden, weil Er selbst den Starken bindet und
ihm seinen Hausrath raubt (Matth. 12, 29.) und dieselben von der
Obrigkeit der Finsterniß errettet und aus der Schmach in die Herr=
lichkeit versetzt.' " Nun folgt im Briefe Luthers die von Herrn Prof.
St. allein citirte Stelle, auf welche unmittelbar die von dem=
selben ebenfalls ausgelassenen Schlußworte folgen: „Be=
herzige denn: Diese Prädestination Gottes ist vielen eine Ur=
sache zu stehen, niemandem eine Ursache zu fallen." Mit welcher

Stirn kann es nun Herr Prof. St. wagen, zu behaupten, dieser Brief Luthers enthalte seine Lehre, daß die Auserwählten in Ansehung ihres von Gott vorausgesehenen Glaubens erwählt seien, ja, daß sie erwählt seien, weil sie Gott als solche vorausgewußt habe, welche „in der Heiligkeit und Wahrheit" bleiben würden?! Er, Stellhorn, lehrt, Gott habe angesehen und sich darnach gerichtet und es davon abhängig gemacht, daß gewisse Menschen durch den Glauben Gottes Kinder, Tempel des Heiligen Geistes, Glieder Christi werden und durch den Glauben aufstehen würden, und erst infolge dessen habe er sie erwählt; der Brief aber sagt das gerade Gegentheil, nämlich daß es die Prädestination mache, daß, natürlich durch den Glauben, aus Kindern des Teufels Kinder Gottes, aus Götzentempeln Tempel des Heiligen Geistes, aus Hurenglieder Glieder Christi werden; die Prädestination sei also nicht die Folge, sondern die Ursache, daß sie durch den Glauben von ihrem Falle aufstehen. Anstatt über Luthers Brief zu gloriiren und Gott Lob und Dank zu sagen, daß er nach demselben selbst Luther zum Zeugen für seine irrige Lehre aufrufen könne, sollte er daher vielmehr, wenn er ehrlich sein will, bekennen, daß in Luthers Schriften freilich noch keine Spur von seiner Lehre zu finden sei, wohl aber das gerade Gegentheil.

Seite 9 und 10 versichert Herr Prof. Stellhorn, daß unsere Gegner, er und seine Genossen, an ihrer Lehre nicht um der alten Dogmatiker willen, sondern darum so fest hielten, weil sie sich „die klare und deutliche Lehre des Wortes Gottes und den süßen Trost des Evangeliums für alle Menschen nicht rauben lassen" wollten.

Was nun das erstere betrifft, so wollen wir es nicht bestreiten, daß wenige, vielleicht keiner unserer Hauptgegner an seiner Lehre blos deswegen so festhält, weil er meinte, sich der Autorität der alten lutherischen Väter unterwerfen zu müssen. Diese Neigung haben wir noch an keinem dieser unserer Gegner beobachtet, am wenigsten an Herrn Prof. St., wohl aber vielfach das andere Extrem. Aber das bezweifeln wir stark, daß sie je auf ihre Lehrweise gekommen wären, oder doch, daß sie dieselbe so muthvoll vertheidigen würden, wenn sie dieselbe nicht in den Schriften jener Väter zu finden und sich damit schützen zu können glaubten. Denn in der heiligen Schrift und in dem Bekenntniß unserer Kirche steht von der ihnen eigenthümlichen Lehre rein nichts; daher unsere Gegner ihre Lehre auch fast nie aus der Schrift, hingegen aus dem Bekenntniß nur durch wahrhaft halsbrechende künstliche Deutungen, bei denen es ihnen selbst nicht recht geheuer zu sein scheint, zu beweisen suchen. Mögen sie sich selbst vor Gott prüfen, und überlegen, was ihnen und selbst den kleinsten Geistern unter ihnen die große Dreistigkeit gibt, womit sie auftreten: ob Schrift und Bekenntniß, oder nicht vielmehr die „Väter“? Ist es doch schon mehrmals vorgekommen, daß einige unter ihnen, von der Schrift in ihrem Gewissen gebunden, erst gewisse Behauptungen verwarfen; als sie aber von den Ihrigen darauf aufmerksam gemacht wurden, daß dies auch die „Väter“ sagten, da ließen sie ihre Bedenken trotz der heiligen Schrift eilends fahren! Ein schönes Lutherthum! Wir fürchten daher sehr, daß Schrift und Bekenntniß gerade dasjenige ist, was ihnen in diesem Streite noch einige Unruhe macht. Was die heilige Schrift betrifft, so verräth dies auch Herr Prof. St. Seite 10 seines Tractats so deutlich, daß es jeder, auch der einfältigste Leser, merken muß. Er sagt da nämlich, „die **wenigen** Sprüche des Wortes Gottes über die Auswahl der wenigen Personen, die unfehlbar selig werden“, seien auch „**zum Theil nicht leicht verständlich**“ (!), daher es nöthig sei, daß man „die **wenigen dunkeln** Stellen nach den vielen hellen auslegt“, die nämlich n i c h t von der Gnadenwahl handeln! Es ist in der That unerhört, daß ein Mann, welcher den lutherischen Theologen zugezählt sein will, sich darauf beruft, für eine gewisse Lehre der heiligen Schrift gebe es nur wenige und zum Theil nicht leicht verständliche, ja, dunkle Sprüche des Wortes Gottes, die man daher nach den vielen, sonnenklaren Sprüchen, welche von einer ganz a n d e r e n Lehre handeln, auslegen müsse! Auf diese Weise wird die protestantische, das ist, lutherische Grundlehre von der D e u t l i c h k e i t der heiligen Schrift umgestoßen. Was würde Johann Gerhard dazu sagen, wenn er läse, daß ein Mann, welcher sein treuer Schüler sein will, jetzt schreibe, was Herr Prof. St. hier geschrieben hat? ein Gerhard, welcher den Papisten gegenüber schreibt: „Wir sagen, daß es **keinen** Artikel des Glaubens, keine Vorschrift für das Leben gibt, welche nicht irgendwo mit eigentlichen, **klaren und deutlichen** Worten in der Schrift vorgelegt werde.“ (Conf. cath. f. 413.) Wie haben sich unsere

alten treuen Lehrväter auch mit den Calvinisten herum schlagen
müssen, welche nicht bei den Stellen bleiben wollten, die vom heiligen
Abendmahl handeln, sondern, wie Herr Prof. St., diese Stellen
immer, weil dieselben angeblich „dunkel" seien, aus anderen, wie sie
auch sagten, „sonnenklaren" Stellen, die gar nicht vom heiligen
Abendmahl, sondern von Christi wahrer Menschheit handeln, aus=
legen wollten! Was würde daher u. a. der große lutherische Schrift=
ausleger Salomon Glassius zu Herrn Prof. Stellhorn's Aus=
sprache sagen? ein Glassius, welcher u. a. folgendermaßen
schreibt: „**Jeder Glaubensartikel ist irgendwo in der
Schrift mit der besonderen Absicht, ihn zu offenbaren
(ex professo), mit eigentlichen und deutlichen Worten dar=
gelegt, wo gleichsam der eigentliche Sitz und die Heimstätte
jenes Artikels ist. Wenn man daher mit einem solchen Schrifttext
zu thun hat, in welchem ein Glaubensartikel ex professo gelehrt
wird, da gehört es sich, daß man sich auch nicht einen
Finger breit von dem eigentlichen Sinne der Worte
losreißen lasse. Diese Regel ist gegen die Calvinisten
zu gebrauchen, welche die wesentlichen Worte des heiligen Abend=
mahls mit allerlei Nebeln von figürlichen Redensarten zu verhüllen
versuchen. Ihnen wird mit Recht dieses entgegengehalten, daß die
Worte der Einsetzung (Matth. 26. Mark. 14. Luk. 22. 1 Kor.
10. u. 11.) der eigentliche Sitz dieses Artikels seien, in welchem
derselbe ex professo gehandelt wird. Also sind die wesentlichen
Worte jenes Artikels nach dem Wortlaut und eigentlich zu nehmen.
Wollten sie sagen, im 6. Capitel Johannis werde gezeigt, von welcher
Art das Essen des Leibes Christi im Abendmahle sei, so antworten
wir: Der Nachweis, daß die Rede eine figürliche sei, muß aus
wahrhaft parallelen Stellen geführt werden"** (nämlich aus
solchen Stellen, welche von demselben Gegenstande handeln), „der=
gleichen das 6. Capitel Johannis nicht ist." (Philolog. sacra,
p. 402. sq.) Was würde ferner Johann Gerhard sagen, wenn
er läse, daß Herr Prof. Stellhorn die Regel, man müsse die dunklen
Stellen aus den klaren erklären, allen Regeln der Auslegungskunst
zuwider so greulich mißbraucht, daß man einen in der Schrift ge=
offenbarten Glaubensartikel nicht nach den Stellen ver=
stehen dürfe, welche davon handeln, sondern nach anderen

klaren Stellen, die von etwas ganz anderem handeln? ein Gerhard, welcher u. a. Folgendes schreibt: „Wenn sie (die Calvinisten) sagen, die Regel des Glaubens zwinge uns, daß wir" (in der Lehre vom heiligen Abendmahl) „von dem buchstäblichen Sinne abgehen, weil man nach der Regel des Glaubens behaupten müsse, daß Christi Leib ein wahrer und natürlicher Leib sei; ferner, daß Christus mit seinem Leibe gen Himmel gefahren sei: dagegen kommt die Bemerkung zu Hilfe: daß die Regel des Glaubens **unverkürzt** angenommen werden muß und daß die **Theile derselben nicht einander entgegengesetzt werden dürfen.** Die Schrift lehrt **beides:** daß Christi Leib ein wahrhaft menschlicher Leib ist und daß er dennoch wahrhaftig im Abendmahl ausgetheilt wird; es muß daher **beides** geglaubt und darf das eine dem anderen nicht entgegen gesetzt werden. Denn Christi Leib ist nicht nur ein wahrhaft menschlicher Leib, sondern auch des Sohnes Gottes eigener Leib; Christus ist nicht nur gen Himmel gefahren, sondern sitzt auch zur Rechten Gottes." (Loc. theol. de interpretatione S. S. § 154.) So ists denn auch mit den Lehren von der Erwählung und von der allgemeinen Gnade. Beide sind in Gottes Wort klar und deutlich geoffenbart; denn es steht beides klar und deutlich geschrieben, erstlich: „Viele sind berufen, aber wenige sind auserwählet", und zweitens: „Gott will, daß allen Menschen geholfen werde." (Matth. 20, 16. 1 Tim. 2, 4.) Beides muß daher von demjenigen, welcher ein wahrer Christ und sogar ein rechtgläubiger Lutheraner sein will, geglaubt werden. Eine Schriftlehre durch eine andere um seiner Vernunft willen, weil ihm jene dunkel und widersprechend erscheint, corrigiren, ja, ganz ausstreichen, unter dem Vorgeben, man müsse ja die dunklen Stellen durch die hellen auslegen, — dieses ist ein entsetzlicher Frevel. So machen es auch die Juden und Türken. Sie sagen, es stehe sonnenklar im 5. Buch Mose geschrieben: „Höre, Israel, der HErr, unser Gott, ist ein einiger HErr." (5 Mos. 6, 4.) Alle diejenigen „wenigen" Stellen des Alten Testaments, aus denen die Christen die Dreieinigkeit Gottes beweisen wollten, seien daher „nicht leicht verständliche", sondern dunkle, die daher nach jener sonnenklaren Stelle und vielen anderen ähnlichen deutlichen Stellen von der Einigkeit Gottes ausgelegt werden müßten. So raisonniren, das

heißt, vernünfteln, wie gesagt, die Juden und Türken. Ob sich Herr
Prof. St. solcher Vorgänger zu rühmen gedenkt, mag er selber sagen.

Aber Herr Prof. St. wird in Betreff des anderen Theils seiner Behauptung, unsere Lehre von der Wahl widerspreche der trost=
vollen Lehre des Evangeliums von der allgemeinen Gnade, sagen:
Müßt ihr nicht selbst gestehen, daß sich Gott, der Gott der Wahrheit,
nicht widersprechen könne? Wir antworten: Ohne Zweifel. Aber
das ist auch nicht die Frage; sondern dieses: ob zwischen der Lehre,
daß Gott nur **wenige** auserwählt habe, und der Lehre, daß Gott
alle Menschen selig machen wolle, ein wirklicher, wahr=
haftiger Widerspruch statt finde. Und das ist es, was wir leugnen
und was jeder vernünftige Mensch leugnen muß. Wenn an einer
Stelle der Schrift stünde, daß Gott alle Menschen selig machen
wolle, und an einer anderen Stelle stünde, daß Gott nicht alle Men=
schen, sondern nur wenige selig machen wolle: das wäre
wirklich ein Widerspruch; denn nein und ja sagen in Bezug auf
eine und dieselbe Sache, oder behaupten, daß etwas so oder so ei,
und daneben behaupten, daß dasselbe nicht so oder so ei, das ist
ein wahrer Widerspruch. Stünde z. B. in der Schrift an einer oder
mehreren Stellen, es gebe nur einen Gott, an anderen, es gebe
nicht nur einen, sondern drei Götter, das wäre ein Widerspruch,
und es wäre daher unmöglich, daß beides wahr sei; eines von
beiden müßte falsch sein. Solche Widersprüche können daher auch
in der heiligen Schrift allerdings nicht vorkommen, denn onst wäre
die heilige Schrift nicht das Wort des wahrhaftigen Gottes, der
nicht lügen und zu derselben Behauptung jetzt ja und darnach nein
sagen, in einer Stelle seiner Offenbarung etwas zu glauben und an
einer anderen Stelle es nicht zu glauben gebieten kann. Die heilige
Schrift thut das auch nie, obwohl es blinden Vernunft=Menschen so
scheint. Sie sagt nicht an einer Stelle, daß es nur einen Gott
gebe, und an anderen, daß es nicht blos einen, sondern drei oder
mehrere Götter gebe; sondern sie sagt, daß es nur einen Gott gebe,
aber daß der Vater Gott, der Sohn Gott und der Heilige Geist Gott
sei. Daraus macht aber nur die blinde menschliche Vernunft den
Schluß: also müssen drei Götter nach der Schrift sein. Diesen
Schluß macht aber die Schrift selbst nicht, sondern sie spricht im
Gegentheil: „Drei sind, die da zeugen im Himmel: Der Vater, das

Wort und der Heilige Geist; und diese drei sind **Eins.**" (1 Joh.
5, 7.) Beides müssen daher wir Christen glauben; wie denn das
athanasianische Glaubensbekenntniß sagt: „Der Vater ist Gott, der
Sohn ist Gott, der Heilige Geist ist Gott; und sind doch nicht drei
Götter, sondern es ist ein Gott." Gerade so ist es auch mit der Lehre
von der Erwählung bewandt. Sagte die heilige Schrift an der
einen Stelle: „Gott hat nur wenige auserwählt", an anderen
Stellen: „Gott hat nicht nur wenige, sondern alle Menschen aus=
erwählt", das wäre ein wirklicher Widerspruch, denn darnach wollte
die Schrift ausdrücklich, daß wir erst glauben sollten, daß wenige
auserwählt seien, hernach aber, daß wir es nicht glauben sollten.
Da verlangte die Schrift, daß wir an einer Stelle glauben sollten,
sie habe an der anderen Stelle die Unwahrheit gesagt. Das ist un=
möglich! Aber das thut auch, wie gesagt, die Schrift nicht. Sie
sagt nur an der einen Stelle, daß Gott wenige auserwählt habe,
und an der anderen Stelle, daß Gott alle Menschen selig machen
wolle. Da redet sie ja nicht von einer und derselben, sondern von
verschiedenen Sachen, von denen sie die eine verneint, die andere be=
jaht. Da ist daher kein Widerspruch, sondern nur ein Ge=
heimniß; weil nämlich unsere blinde Vernunft nicht beides mit
einander zusammen reimen kann, daß Gott alle Menschen solle selig
machen wollen und doch nur wenige zur Seligkeit auserwählt
habe. Ein wahrer gläubiger Christ glaubt beides. —

Auf Seite 11 will uns Herr Prof. St. mit uns selbst in Wider=
spruch bringen, indem er daran erinnert, daß wir manche Bücher ent=
weder selbst herausgegeben oder doch ohne Einschränkung aufs höchste
als rechtgläubige Bücher angepriesen hätten, in welchen doch von
einer Erwählung in Ansehung des Glaubens geredet werde.
Damit sagt der Herr Professor allerdings ausnahmsweise auch ein=
mal etwas Wahres, freilich ohne damit auch nur das Geringste gegen
uns zu beweisen. Daß wir, wenn wir Werke anpriesen, wie die
von Johann Gerhard, die lieben Christen dabei nicht darauf
aufmerksam gemacht haben, daß sich selbst in diesen Werken in einige
wenige Stellen auch etwas Falsches eingeschlichen habe, — das sollte
gerade unser ungnädiger Herr Kritikus selbst am wenigsten tadeln.
Die von uns selbst herausgegebenen, oder doch empfohlenen Werke
unserer alten gottseligen Lehrer sind so reich an reiner göttlicher

Lehre und enthalten einen so großen Schatz christlicher Erfahrung, daß wir gar nicht thörichter hätten handeln können, als wenn wir bei unserem Anpreisen derselben sogleich die Einschränkung hinzugesetzt hätten: daß darin freilich auch Falsches enthalten sei, nämlich z. B. die falsche Lehre von der göttlichen Einsetzung des Sonntags und der äußerlichen Sonntagsruhe und von der Gewalt der weltlichen Obrigkeit, kirchliche Gesetze zu geben, in der Kirche gute Ordnungen und Ceremonien einzuführen, Prediger ein- und abzusetzen u. s. w. Durch solche Einschränkungen unserer Empfehlung hätten wir nichts anderes bewirkt, als daß diejenigen, denen wir die köstlichen Schriften anpriesen, mit Verdacht gegen dieselben erfüllt worden wären. Nun wird aber in unserer Kirche fort und fort gelehrt, daß man alle menschlichen Bücher nach Gottes Wort prüfen und nur das Gute behalten solle. Bei allem noch so großem Lobe eines Buches von Seiten eines wahren Lutheraners ist daher stets die selbstverständliche Voraussetzung, daß damit nicht gesagt sein solle, das Buch enthalte gar keine Fehler. Wenn daher ein Lutheraner in einem ihm sehr angepriesenen vortrefflichen Buche einmal auch etwas nicht ganz Richtiges findet, so denkt er deswegen nicht gleich, daß ihn derjenige betrogen habe, welcher ihm das Buch angepriesen hatte; er verachtet auch nicht deswegen den Schreiber des Buchs; sondern er denkt dann nur mit David: „Große Leute fehlen auch" (Pf. 62, 10.), und läßt sich dadurch, daß er selbst in den besten menschlichen Schriften ein Fleckchen findet, nicht irre machen, sondern nur in dem Glauben stärken, daß Gottes Wort allein unfehlbar ist. Dagegen wird, wie gesagt, unser ungnädiger Herr Kritikus hoffentlich nichts einzuwenden haben. Wie thöricht ist es daher von seiner Seite, uns deswegen anzugreifen, daß wir nicht bei der Empfehlung jedes Buches, in welchem von einer Erwählung in Ansehung des Glaubens die Rede ist, allemal sogleich die Einschränkung hinzugesetzt haben, daß sich in dem Buche freilich diese unrichtige und gefährliche Lehrweise finde! Es ist dieses von Seiten Herrn Prof. Stellhorn's um so thörichter, als es die offenbare Unwahrheit ist, wenn er schreibt, wir „stellten diese Lehre der Väter" von der Erwählung in Ansehung des Glaubens „auf gleiche Stufe mit der", wie er sich ausdrückt, „‚unklaren' Lehre derselben vom Sonntag." Sollte St. nicht wissen, daß er damit die Un=

wahrheit schreibt? Wohl haben wir vor einem Jahre in „Lehre und Wehre" geschrieben: „Zwar suchen jene späteren lutherischen Dogmatiker selbst nachzuweisen, daß der Lehrtropus eines Luther, eines Chemnitz 2c. in Betreff des Verhältnisses des Glaubens zur Gnadenwahl auch der ihrige sei; aber hierbei geht es den theuren Männern wie bei der Lehre vom Sonntag" (S. 67); in demselben Abschnitt haben wir jedoch sogleich auf der folgenden Seite, um Stellhorn'sche Mißdeutungen im voraus abzuweisen, ausdrücklich erklärt: „Wir sind jedoch, wir wiederholen es, weit entfernt, die späteren Dogmatiker einer falschen Lehre" (von uns selbst schon damals unterstrichen!) „von der Gnadenwahl zeihen zu wollen, wie allerdings eines Irrthums in Betreff des Sonntags und der Macht der Obrigkeit in kirchlichen Dingen." (S. 68.) Heißt das, wie St. schreibt, die Lehre unserer Väter von der Gnadenwahl „auf gleiche Stufe stellen" mit der falschen Lehre derselben vom Sonntag? Ist nicht das gerade Gegentheil die Wahrheit? Wir haben ferner freilich behauptet, und behaupten es noch, wenn die alten Dogmatiker meinten, ihr Lehrtropus in der Gnadenwahl sei dem Lehrtropus Luthers, Chemnitzens und anderer gleich, daß es ihnen da gegangen sei wie mit ihrer Lehre vom Sonntag; aber — wir fragen noch einmal —: heißt das, beides „auf gleiche Stufe stellen", und zwar trotzdem, daß wir uns gegen eine solche Mißdeutung unserer Worte sogleich ausdrücklich verwahrt haben? Wenn man von jemand sagt, er glaube fälschlich von zwei Lehren, daß dieselben in Luthers Schriften zu finden seien, heißt das: beide Lehren „auf gleiche Stufe stellen"? Was für ein Schluß! Welche schauderhafte Logik! — Es ist in der That eine verdrießliche Sache, einen Gegner widerlegen zu müssen, der es sich fast auf jeder Seite zum Geschäft gemacht hat, die Worte seines Gegners umzudeuten!

Uebrigens ist es auch eine Unwahrheit, wenn Seite 11 des Tractats gesagt wird, daß auch die Altenburger Bibel, der Dietrich'sche Katechismus, der große Gebetsschatz und unsere eigene Postille die Lehre von einer Erwählung „in Ansehung des Glaubens" enthalte. Wohl wird darin gelehrt, daß alle diejenigen, und nur diejenigen schon von Ewigkeit von Gott erwählt sind, welche an Christum bis an das Ende glauben werden oder von denen Gott dies

vorausgesehen hat, denn „Gott sind alle seine Werke bewußt von
der Welt her", das heißt, von Ewigkeit her (Apostelg. 15, 18.);
aber dieses ist himmelweit verschieden von der Lehre, daß Gott die
Auserwählten erwählt habe „in Ansehung des Glaubens", wie dies
nämlich unsere Gegner verstehen und auslegen.

Eine Verfälschung ist es auch, wenn der Tractat S. 11 sagt, die
Lehre vieler alten Dogmatiker, namentlich seit Gerhard, vom Sonntag sei nur eine „unklare" gewesen, während St. selbst zugeben
muß, daß sie eine offenbar falsche ist. Ebenso unwahr ist es,
wenn der Tractat behauptet, „daß die Lehre vom Sonntag zu ihrer
Zeit nicht im Streite lag und niemand ihnen die reine, richtige
Lehre klar und deutlich entgegenhielt." Wir wollen das keine Verfälschung nennen, da Herr Prof. St. mit der Geschichte dieses Streites unbekannt zu sein scheint. Im 10. und 11. Jahrgang der
„Lehre und Wehre" hätte er freilich eines Besseren belehrt werden
können, wo wir die Geschichte dieses Streites weitläufig ausein-
andergesetzt haben. Wir erinnern hier nur daran, daß auch nach Er-
scheinung der Concordienformel die alten lutherischen Theologen
C. Dietrich in Ulm, Dorscheus und Sebastian Schmidt
in Straßburg, Wagner in Tübingen, Fecht in Rostock u. a. die
reine lutherische Lehre vom Sonntag allerdings ausführlich behan-
delt, aus Gottes Wort begründet, mit Zeugnissen aus unseren
Bekenntnissen und aus anderen Schriften, namentlich aus den
Schriften vor Gerhard, belegt und die Gegenlehre bekämpft haben.
Daher schreibt Spener: „Wie denn nicht allein vor ungefähr 30
Jahren diese Controverse, ob der Sabbath auf einem Moral-
Gesetz beruhe, eine Weile stark getrieben worden ist, aber durch
Gottes Gnade sich bald wieder gelegt hat; da ich bemerkte, daß
damals auf den vornehmsten Universitäten die Theologen in dieser
Materia unter sich uneins waren und in einem Collegio einer
der einen, der andere der anderen Partei zufiel. So haben die
beiden berühmten Theologen, Herr Dr. Seb. Schmidt von Straß-
burg und Herr Dr. Wagner, Kanzler von Tübingen, als von der
Stadt Augsburg erbetene Commissarien, in der Sache eines dasigen
Diakonus, der zum Theil wegen seines Eifers wider die, so die Sonn-
tags-Jahrmärkte besuchten, in Anspruch genommen worden, wider
ihn gesprochen (und abgesetzt!). So entsinne ich mich noch zwei

— 34 —

alter noch jetzt lebender Theologen auf Univerſitäten, die der
Meinung, daß der Sabbath auf einem Moralgebot beruhe, wider=
ſprechen; und fürchte ich, wo das Feuer ſolches Streites wieder aufs
neue ausbrechen ſollte, es würde die Gegenpartei ſich viel
ſtärker erweiſen"; Spener will ſagen, daß es offenbar wer=
den würde, daß die Zahl derjenigen Theologen, welche Gerhards
Lehre vom Sonntag verwerfen, ſogar größer ſei, als die Zahl
derjenigen, welche dieſelbe annehmen. (Letzte theolog. Bedenken I,
476.) Er ſchreibt ferner: „Da die Zahl derjenigen, welche mit
uns nicht dieſelbe Verbinblichkeit des dritten Gebotes anerkennen,
uns übertrifft, und da das, was aus unſern älteren Theologen
vor dem ſel. Gerhard genommen wird, ihrer Meinung Anſehen
verſchafft, ſo habe ich immer geſehen, daß die meiſten Gemüther
durch jene Diſputation (vom Sonntag) leichter auf die Seite
dieſer, als zu uns gezogen worden ſind." (Consil. lat. II, 26.) Der=
ſelbe Spener iſt auch ſo ehrlich, daß er es offen geſteht, er ſei
„nicht nur einmal" ſelbſt in große „Scrupel" über ſeine Lehre
vom Sonntag gerathen, wenn er unſere ſymboliſchen Bücher über
dieſen Punkt nachgeleſen habe. (S. 35.) — Es macht uns wahrlich
keine Freude, die falſchen Lehren aufzudecken, welche ſich auch in den
Schriften unſerer alten Dogmatiker finden. Wir dürfen wohl ſagen,
daß es ſchwerlich einen Menſchen auf Erden gibt, der denſelben mehr
zu banken, und der daher größeren Reſpekt vor ihnen hat, als wir.
Allein Herr Prof. St. macht ihre offenbar falſchen zu blos
„unklaren" Lehren, um damit unſern Beweis zu entkräften, daß
der Lehrtropus der alten Dogmatiker von einer Erwählung „in An=
ſehung des Glaubens" gar wohl ein verkehrter ſein könne, da ſie ja
auch ſonſt nicht von aller falſchen Lehre frei ſeien. Damit nöthigt
uns denn Herr Prof. St., wider unſern Willen die wirklich
falſchen Lehren, welche ſich auch in den Schriften der alten Dog=
matiker finden, hervorzuheben, ja, zu zeigen, daß denſelben auch die
wahre Lehre ſowohl aus der Schrift, als aus dem Bekenntniß und
aus den Schriften der Theologen vor der Concordienformel allerdings
bings entgegengehalten worden iſt, und daß ſie dieſelbe leider den=
noch nicht angenommen haben. Der falſchen Lehre in Betreff der
Macht der weltlichen Obrigkeit in der Regierung der Kirche thut Herr
Prof. St. klüglich gar keine Erwähnung. Vielleicht ſchwebt ihm da=

bei der Gedanke vor, daß diese falsche Lehre für unsere Kirche noch ungleich verhängnißvoller geworden ist, als die falsche Lehre vom Sonntag; denn diese Lehre hat unsere Kirche in Deutschland in der erschrecklichen Sclaverei erhalten, unter welcher sie nun schon seit Jahrhunderten seufzt bis auf den heutigen Tag. Aber ehrlich ist das stillschweigende Ueberhingehen über diesen heiklen Punkt nicht. — Auf Seite 11 seines Tractates behauptet Herr St. endlich noch dieses, der Schwarmgeist „Huber und die Calvinisten" hätten „in diesem Punkte" den alten lutherischen Lehrern „diejenige Lehre von der Gnadenwahl entgegengehalten, welche nach den St. Louisern die allein richtige sein soll." Mit dieser Behauptung setzt Herr St. seinen Verkehrungen unserer Lehre von der Gnadenwahl die Krone auf, wenn er nicht eine ganze Menge solcher Kronen sich auf das Haupt gesetzt hätte. Huber hat in dem Sinne und darum die Lehre von einer Erwählung „in Ansehung des Glaubens" verworfen, weil er lehrte, daß alle Menschen, sie möchten glauben oder nicht, von Gott erwählt seien, auch alle Heiden, Juden, Türken und Spötter innerhalb der christlichen Kirche. Und das soll „nach den St. Louisern die allein richtige" Lehre sein! Schmach und Schande über einen Mann, der dieses zu behaupten sich nicht entblödet! Die Calvinisten aber haben die Lehre von einer Erwählung „in Ansehung des Glaubens" in dem Sinne und darum verworfen, weil sie lehren, die Auserwählten seien absolut, d. h., unbedingt, abgesehen von Christo und darum freilich auch abgesehen vom Glauben an Christum erwählt worden; während wir lehren, daß wir durch und im Glauben, den uns Gott zu geben beschlossen hat, zur Seligkeit erwählt seien, ja, daß Gott keinen Menschen zur Seligkeit hätte erwählen können, wenn er ihn nicht auch zum Glauben erwählt, das heißt, wenn er nicht zugleich beschlossen hätte, ihm den Glauben zu schenken. Daher noch einmal: Schmach und Schande über einen Mann, der sich nicht entblödet, zu schreiben, nach den St. Louisern sei die Lehre der Calvinisten im Punkte von dem Verhältniß des Glaubens zur Gnadenwahl „die allein richtige"! —

Auf Seite 12 des Tractats lesen wir erstlich Folgendes. „So viel ist klar: nach dieser Lehre" (die unsrige ist gemeint) „soll Gott beim Auswählen der Personen, die allein und ganz sicher selig werden sollten, auf gar nichts gesehen haben, das einen Unterschied unter den Menschen bewirkt, und wonach er sich als Regel richtete, als er die einen auswählte und die andern zurückließ zum unvermeidlichen ewigen Verderben." In diesen Worten schiebt uns Prof. St. erstlich unter, wir lehrten, die Auserwählten seien Personen, welche nach Gottes Willen „allein selig werden sollten." Allerdings lehren wir aber mit unserem kirchlichen Bekenntniß, der Concordienformel, daß „allein die Auserwählten selig werden" (siehe: Concordienbuch Seite 709), aber wir verwerfen, verdammen und verfluchen die Lehre der Calvinisten, daß allein die Auserwählten „selig werden sollten"; wir lehren auch, daß die Auserwählten „ganz sicher selig werden", aber nicht, daß sie „allein und ganz sicher selig werden sollen." Wenn uns jemand die Lehre zuschreibt, daß nach Gottes Willen die Auserwählten allein selig werden sollen, weil wir mit der Concordienformel lehren, daß allein die Auserwählten selig werden, der ist entweder nicht fähig, klar zu denken, und sollte daher billig das Bücherschreiben sein lassen, „oder er verkehrt wissentlich die Wahrheit." (Siehe Stellhorn's Tractat Seite 8 unten!) — Aus den angeführten Worten ersehen wir aber zum anderen dieses, daß Stellhorn auch das als unsere Lehre verwirft, Gott habe sich nicht nach dem „Unterschied unter den Menschen", den er schon von Ewigkeit „gesehen", „als Regel gerichtet, als er die einen auserwählte und die andern zurückließ zum unvermeidlichen ewigen Verderben." Hierzu ist zweierlei zu bemerken. Es ist unwahr, daß wir lehrten, Gott habe irgend einen Menschen, ja, die größte Zahl derselben zum unvermeidlichen ewigen Verderben zurückgelassen. Wir lehren vielmehr erstlich, daß Gott keinen Menschen zum Verderben bestimmt, an keinem mit seiner Gnade vorübergegangen, keinen seinem Verderben überlassen, daß er vielmehr allen Menschen seine Gnade und alle Seligkeit durch das Wort ernstlich angeboten hat, und daß endlich diejenigen, welche dennoch dem Verderben anheimfallen, selbst daran schuld sind, und daß die einzige Ursache ihrer Verdammniß ihr muthwilliges und hartnäckiges Widerstreben und ihr beharrlicher Unglaube ist. Das lehren wir aber allerdings zum andern, daß sich Gott bei der Wahl zur Seligkeit nach dem Unterschied unter den Menschen, den er vorausgesehen, nicht als Regel gerichtet hat; denn das ist offenbarer Synergismus.

Leonhard Hutter, den Herr Prof. St., wie billig, sehr hoch hält, schreibt, Melanchthon's Synergismus habe sich unter anderem darin geoffenbart, daß er gelehrt habe: „Im Menschen sei und müsse sein irgend eine Ursache, warum die einen zur Seligkeit erwählt, die andern verworfen und verdammt werden. Da die Verheißung allgemein ist und in Gott keine sich widersprechende Willen sind, so muß nothwendig in uns irgend eine Ursache des Unterschiedes sein, warum ein Saul verworfen, ein David angenommen wird, das ist, nothwendiger Weise muß in diesen beiden irgend ein ungleiches Thun sein." (Concordia concors, S. 345.) Darauf merke wohl, lieber Leser! Hier hat uns Herr Prof. Stellhorn den Schlüssel zu seinem giftigen Tractat und zu dem ganzen Kampf gegeben, der jetzt gegen unsere Lehre von der Gnadenwahl gerichtet ist. Herr Prof. St. und seine Genossen sind Synergisten, das, ja, das ist der Schlüssel dieses Kampfes! Daß Gott uns auserwählt haben sollte, ohne einen Unterschied zwischen uns und den anderen vorausgesehen zu haben als eine Regel, nach der er sich dabei gerichtet habe, ohne einen Unterschied zwischen uns und andern vorausgesehen zu haben, um welches willen er gerade uns erwählt habe, daß das aus bloßer freier Gnade um Christi willen geschehen sein solle: das ist der Selbstgerechtigkeit unserer Gegner ein großes Aergerniß und ihrer Vernunftklugheit eine offenbare Thorheit. Der Unterschied, der Unterschied, den Gott in den Menschen vorausgesehen hat, das muß der Grund und die Ursache sein, warum wir erwählt sind: das ist die das Evangelium von Gottes Gnade in Christo, der einzigen Ursache, verleugnende Parole unserer Gegner. Hätte Gott nicht gesehen, daß wir besser seien, als die anderen, die Gott verworfen hat, so vernünfteln unsere Gegner (wenn sie auch aus Vorsicht nicht dieselben Worte gebrauchen), so hätte er uns nicht erwählt! Sie behaupten freilich, daß sie für die allgemeine Gnade Gottes gegen uns kämpfen müßten; aber gerade die freie Gnade Gottes in Christo ist es, gegen die sie streiten, die ihnen ein Aergerniß und eine Thorheit ist, und die wir ihnen gegenüber zu retten die große Aufgabe haben. Auf ihrer Kriegsfahne steht geschrieben: „Gnade! Allgemeine Gnade!" und gerade die Gnade ist es, gegen die sie streiten; denn, sagen sie, ihrer blinden Vernunft folgend, wenn Gott keinen Unterschied unter den Men-

schen gesehen und nicht darauf Rücksicht genommen hätte, dann
hätte er entweder niemanden erwählen können, oder er hätte
alle erwählen müssen!

Auf Seite 12 heißt es ferner: „Wie kann das Verdienst Christi,
sofern es für alle Menschen ohne Ausnahme da ist, in irgend welcher
Weise der Grund dafür gewesen sein, daß Gott nicht alle Menschen
zur Seligkeit unfehlbar bestimmt, sondern überhaupt eine Auswahl
unter den Menschen getroffen und bei dieser Auswahl nur die wenig=
sten genommen hat?" Es ist dieses eine höchst alberne Frage. Erst=
lich behauptet kein Mensch in der Welt, am wenigsten wir, daß das
Verdienst Christi der Grund dafür gewesen sei, daß Gott **nicht** alle
Menschen zur Seligkeit unfehlbar bestimmt habe; zum andern aber
besteht eben das Geheimniß der Gnadenwahl darin, nicht, daß viele
nicht erwählt sind, denn davon wissen wir die Ursache nur zu gut,
sondern daß ich erwählt bin, der ich von Natur um kein Haar besser
bin und doch durch Gottes Gnade zum Glauben gekommen und in
demselben bisher erhalten worden bin und, wie ich unzweifelhaft
glaube, bis an das Ende werde erhalten werden. Daher rechnet auch
unser Bekenntniß das unter die Geheimnisse der Gnadenwahl:
„Einer wird verstockt, verblendet, in verkehrten Sinn
gegeben; ein anderer, so wohl in gleicher Schuld, wird
wiederum bekehret." (S. 716.) Aber hier steckt eben die
Wurzel des Irrthums unserer Gegner: sie glauben nicht, daß die Be=
kehrung lediglich Gottes Gnadenwerk ist, bei welchem sich der Mensch
„mere passive", das heißt, rein leidentlich verhält, das heißt, selbst
gar nichts thut, gar nicht mitwirkt. Sie glauben das eben darum
nicht ernstlich, weil sie denken, der nothwendige Schluß sei dann, daß
Gott an den anderen mit seiner Gnade vorübergegangen sein müsse.
Daß hier ein Geheimniß liege, das kein sterblicher Mensch je auf=
lösen wird, dessen wollen sie sich in ihrem Vernunftdünkel nicht über=
reden lassen.

Herr Prof. St. hat sich im Gegentheil in den Kopf gesetzt, er
könne ganz gut das Geheimniß lösen, warum die Auserwählten allein
um Gottes Barmherzigkeit und um des Verdienstes Christi willen vor
andern erwählt seien, weil nämlich Gott darauf gesehen, daß es von
ihnen im Glauben werde ergriffen und festgehalten werden. Aber
damit ist das Geheimniß nur dann gelöst, wenn Gott den Auserwähl-

ten den Glauben nicht auch selbst zu geben beschlossen hat, son=
dern wenn dieselben den Glauben sich kraft ihres freien Willens selbst
gegeben oder doch als in die göttliche Ordnung sich fügende Leute es
Gott zugelassen haben, in ihnen den Glauben zu wirken. Dieses
ist aber eben nichts, als der gröbste Synergismus.

Im Folgenden schulmeistert Prof. St. auf Seite 12 und 13 den
großen majestätischen Gott, daß einem gottesfürchtigen Leser dabei
die Haare zu Berge stehen. Als ein Erzrationalist bestimmt er genau,
was Gott hätte thun und was er nicht hätte thun können, was er
hätte wollen können und was er nicht hätte wollen können, und
endlich, was er, wenn er ernstlich gewollt hätte, hätte thun müssen!
Ja, endlich wird St. sogar ironisch, das ist, spöttisch und sagt: „Dann
hätte er trotz aller schönen (!) Verheißungen, daß er alle Menschen
selig machen wolle, es doch so eingerichtet durch seine Gnadenwahl,
daß nur die wenigsten selig werden können. Und das
hätte er gethan, obgleich er, wenn er nur wollte, es ganz gut anders
machen konnte." Es graus't uns, dieses hier nur wieder abdrucken
zu lassen. Da wird der große geheimnißvolle Gott von seiner Crea=
tur, von einem Menschen, der ihm gegenüber nur eine „Made" und
ein „Wurm" ist (Hiob 25, 6.), vor den Richterstuhl der menschlichen
Vernunft gestellt und ihm der Text gelesen! Fürchtet sich Prof. St.
nicht vor Gott, ihm solche Vorschriften zu machen, so sollte er doch
wenigstens aufhören, sich auf die alten, in Gottes Sachen so beschei=
denen und bemüthigen lutherischen Theologen als auf seine Lehrvor=
gänger zu berufen. Denn diese haben bekannt, daß Gott
freilich alle Menschen hätte bekehren können, daß aber
der Mensch, wenn er auf diesen Punkt komme, seiner Vernunft
Schweigen gebieten, den Finger auf den Mund legen und mit Pau=
lus sprechen müsse: „O welch eine Tiefe" c. (Röm. 11, 33—36.)
Folgendes hat z. B. Jakob Andreä, der Mitverfasser der Concor=
dienformel, schon im Jahre 1563 geschrieben und feierlich unterschrie=
ben: „Daß diese Gnade oder diese Gabe des Glaubens von Gott nicht
allen gegeben wird, da er alle zu sich ruft und zwar nach seiner unend=
lichen Güte ernstlich ruft: ‚Kommet zur Hochzeit, es ist alles bereit‘,
das ist ein verschlossenes, Gott allein bekanntes, durch
keine menschliche Vernunft erforschliches, mit Scheu
zu betrachtendes und anzubetendes Geheimniß; wie ge=

schrieben steht: ‚O welch eine Tiefe des Reichthums, beide der Weisheit und Erkenntniß Gottes! Wie gar unbegreiflich sind seine Gerichte und unerforschlich seine Wege!‘ Röm. 11. Und Christus sagt Gott dem Vater Dank, daß er solches den Weisen und Klugen verborgen und es den Unmündigen offenbaret habe. Matth. 11. Indessen sollen sich angefochtene Gewissen an dieser verborgenen Weise des göttlichen Willens nicht stoßen, sondern auf den in Christo geoffenbarten Willen Gottes sehen, welcher alle Sünder zu sich ruft.“ (S. Löscher's Hist. mot. II, 288.) Damit will sich aber Prof. St. nicht beruhigen lassen; nein, nach ihm steckt hier gar kein Geheimniß: daß Gott nicht allen Menschen die Gabe des Glaubens gibt, das kommt nach Prof. Stellhorn's Vernunft einfach daher, weil es Gott nicht gekonnt hat; denn, sagt er, wenn ers gekonnt und doch nicht gethan hätte, dann müßte ers nicht gewollt haben. Das wären aber dann „schöne Verheißungen“, in denen er alle Menschen selig machen zu wollen verheißen hat! Ein schöner Gott, das! — Heißt das aber nicht Gott lästern?! — So schreibt ferner Martin Chemnitz, der Hauptverfasser der Concordienformel: „Nun sagt aber unser Katechismus im 3. Artikel unseres christlichen Glaubens, der Mensch kann nicht aus eigener Vernunft noch Kraft an JEsum Christum gläuben oder zu ihm kommen, sondern der Heilige Geist müsse ihn zu solchem Glauben bringen, denn der Glaube ist eine Gabe Gottes; wie kommt es denn, daß Gott dem Judas solchen Glauben nicht ins Herz gibt, daß er auch hätte glauben können, daß ihm könnte durch Christum geholfen werden? Da müssen wir mit unseren Fragen wiederkehren und sagen Röm. 11.: ‚O welch eine Tiefe des Reichthums, beide der Weisheit und Erkenntniß Gottes, wie gar unbegreiflich sind seine Gerichte und unerforschlich seine Wege!‘ Wir können und sollen dies nicht ausforschen und uns in solche Gedanken zu weit vertiefen.“ (Passionspredigten. Th. IV, S. 17.) Prof. St. muß nach seinen Erklärungen hierbei denken: O du einfältiger Chemnitz! siehst du denn nicht ein, wie schön sich dies mit der Vernunft auflösen läßt? Siehst du denn nicht, daß du, wenn du hier ein unerklärliches Geheimniß siehst, noch tief im missourischen Calvinismus steckst? — So schreibt ferner Nicolaus Selnecker (auch ein Mitverfasser der Concordienformel), und zwar nachdem die Concordien-

formel längst erschienen war, nämlich im Jahre 1586: „Obgleich
Gott aus allen Nichtwollenden Wollende machen
könnte, so thut er dies doch nicht; und warum er dies nicht
thue, hat er seine gerechtesten und weisesten Ursachen, welche zu er=
forschen unsere Sache nicht ist. Vielmehr sind wir schuldig,
von ganzem Herzen Dank zu sagen, daß er uns durch die Predigt des
Evangeliums zur Gemeinschaft des ewigen Lebens berufen und unsere
Herzen durch den Glauben erleuchtet hat." (In omnes epp. Pauli
commentar. I, f. 213.) Herr Prof. St. aber ist damit nicht zu=
frieden; nein, er will durchaus wissen, und meint es erforscht zu
haben, welcher Unterschied die Ursache ist, warum gerade dieser
oder jener vor anderen erwählt ist, der zu den Auserwählten gehört.
(Wir können leider nicht so schreiben: Warum er, Herr Prof. St.,
erwählt sei; denn auf der Allgemeinen Pastoralconferenz in Chicago
hat Prof. St. zum Entsetzen seiner Brüder öffentlich erklärt: „Ob
ich auch noch im strengeren Sinne erwählt bin, weiß ich nicht"!
Er setzte zwar hinzu: „das soll ich glauben und hoffen." [Siehe
den Conferenzbericht S. 21.] Aber ein trauriges „Glauben" und
„Hoffen", wenn man nicht gewiß weiß, ob es auch wahr ist! 2 Tim.
1, 12.) — So schreibt ferner Christoph Körner, ebenfalls Mit=
verfasser der Concordienformel, im Jahre 1583: „Seine" (nämlich
Gottes) „Gerichte, vermöge welcher er diesen erwählt und selig
macht, jenen aber nicht erwählt und selig macht, kann
niemand mit seinen Gedanken, sei es auf irgend welche Weise, er=
forschen und erreichen." (In ep. ad Rom. script. p. 149.)
Herr Prof. St. wird hier ausrufen: „O der Kurzsichtigkeit! Ich
habe das längst erforscht und erreicht!" — So schreiben ferner die
Verfasser der Apologie der Concordienformel, Chemnitz, Sel=
necker und Kirchner, zusammen: „Wenn aber gefragt wird,
warum denn Gott der HErr nicht alle Menschen **(das er
doch wohl könnte)** durch seinen Heiligen Geist bekehre und
gläubig mache u. s. w., (so) sollen wir mit dem Apostel ferner
sprechen: ‚Wie gar unbegreiflich sind seine Gerichte und
unerforschlich seine Wege!'" (Apologie der Concordienformel. 1584.
f. 206.) Hierauf wird Herr Prof. St. sagen: „Die armen Schelme!
O hätte ich doch im Jahre 1584 gelebt! wie bald würde ich ihnen
dann das nöthige Licht aufgesteckt und zu ihnen gesagt haben: Ihr

seht ja ben Wald vor Bäumen nicht! Gott konnte ja gar nicht
‚alle Menschen bekehren und gläubig machen‘, das wäre ja wider
seine einmal gemachte Ordnung gewesen! Und bedenket doch ferner:
wenn Gott wirklich alle Menschen hätte bekehren und gläubig
machen können, und es doch nicht gethan hätte, ‚dann läge
ja der letzte und eigentliche Grund davon, daß die meisten Menschen
nicht selig werden, doch nur in Gott, der sie eben so gut, wie die an-
beren, hätte selig machen können. So lehren die Calvinisten ja
ganz offen.‘ (S. Tractat S. 12 f.) Seib denn auch ihr schon
vier Jahre nach Erscheinen der Concordienformel zum Calvinismus
abgefallen?“ — Gewiß, so würde Herr Prof. St. jenen drei Männern zugerufen haben, wenn er zu ihrer Zeit gelebt hätte. Aber
merkwürdiger Weise haben damals gerade die Calvinisten ganz
ähnlich geredet, wie Herr Prof. St., und auch behauptet, wenn man
glaube, daß Gott alle Menschen hätte bekehren und gläubig machen
können, dann müsse man auch mit ihnen, den Calvinisten, den allgemeinen Gnadenwillen Gottes leugnen und Gott zur Ursache der
Verdammniß der Verworfenen machen. Darauf haben aber Chemnitz, Selnecker und Kirchner den Calvinisten schon geant-
wortet. Sie fahren nämlich in der Apologie der Concordienformel
folgendermaßen fort: „Dringen sie (die Calvinisten) auf uns und
sprechen: Weil ihr die Wahl der Auserwählten gestehet, so müßt
ihr auch das Andere gestehen, nämlich daß in Gott
selbst eine Ursache sei der Verwerfung von Ewigkeit
u. s. w.: so sagen wir, daß wir keinesweges bedacht sind, Gott
zum Ursacher der Verwerfung zu machen (die eigentlich nicht in
Gott, sondern in der Sünde stehet) und ihm selbst wirklich die Ursache der Verdammniß der Gottlosen zuzuschreiben, sondern wollen
bei dem Sprüchlein des Propheten Hosea Cap. 13.
bleiben, da Gott spricht: ‚Israel, du bringest dich in Unglück,
dein Heil stehet allein bei mir.‘ Wollen auch, wie droben aus
Luther gehört, von dem lieben Gott, sofern er verborgen ist und
sich nicht geoffenbaret hat, nicht forschen. Denn es ist uns doch
zu hoch und können es nicht begreifen; je mehr wir uns dies-
falls einlassen, je weiter wir von dem lieben Gott
kommen und je mehr wir an seinem gnädigsten Willen gegen uns
zweifeln. Solchergestalt ist auch das Concordienbuch nicht

in Abrede, daß Gott nicht in allen Menschen gleicher
Weise wirke; denn viel sind zu allen Zeiten, die er durchs öffent=
liche Predigtamt nicht berufen hat: daß wir aber darum mit dem
Gegentheil" (nämlich mit den Calvinisten) „schließen sollten,
daß er eine wirkliche Ursache sei der Verwerfung solcher
Leute und daß er's für sich aus bloßem Rath beschlossen, daß er
sie verwerfen und ewiglich verstoßen wolle, auch außerhalb der
Sünde, sollen sie uns nimmermehr bereden. Denn genug
ist es, daß, wenn wir an diese Tiefe kommen, mit dem
Apostel Röm. 11. sprechen: ‚Seine Gerichte sind unerforsch=
lich‘, und 1 Kor. 15.: ‚Wir danken Gott, der uns den Sieg ge=
geben hat durch unsern HErrn JEsum Christum.‘ Was darüber
ist, wird uns unser Seligmacher Christus im ewigen Leben
selbst offenbaren." (A. a. O. fol. 207.) Wenn Herr Prof.
St. auch dieses lies't, so wird er ohne Zweifel aufs höchste unwillig
werden über die unbegreifliche Bornirtheit solcher Männer wie
Chemnitz, Selneker und Kirchner. Er wird in seinem
Herzen denken: „Sollten denn diese Männer wirklich ebenso wie
‚die St. Louiser‘ so schwach an Verstand gewesen sein, es nicht ein=
zusehen, daß aus ihrer Lehre, ‚Gott hätte alle Menschen bekehren und
gläubig machen können‘, und daß ‚Gott nicht in allen Menschen
gleicher Weise wirke‘, mit Nothwendigkeit der offenbarste Calvinis=
mus folge? nämlich die schändliche Lehre, daß Gott gar nicht wolle,
daß alle Menschen selig werden?" Da es nun aber nicht zu leugnen
ist, daß jene Männer wirklich jenes gelehrt haben, was wir jetzt
lehren und woran sich die Vernunft Herrn Prof. Stellhorn's so arg
stößt, so wird letzterer ohne Zweifel es seinen Streitgenossen so ganz
privatissime in das Ohr sagen: „Lieben Brüder, ich muß euch ge=
stehen, daß ich leider schon längst gemerkt habe, daß die ‚Ansätze
zu Calvinismus‘ sich leider durch Chemnitzens und der anderen
Verfasser Schuld schon in der Concordienformel finden, was daher
auch die Missourier so muthig macht. Aber, theure Brüder, verliert
nur darum den Muth nicht. Wir sind offenbar von Gott berufen,
den calvinistischen Sauerteig, der sich leider schon in unser Schluß=
bekenntniß und noch mehr in die Apologie desselben eingeschlichen
hat, endlich wieder auszufegen. Unsere Aufgabe ist freilich groß
und schwierig. Aber nur getrost! Laßt uns alles thun den Leuten

weiszumachen, jene Lehren fänden sich gar nicht in unserer ‚lieben‘, ‚theuren‘ Concordienformel. Haben wir aber durch allerlei künstliche Auslegungen der Bekenntnißworte die Leute dahin gebracht, daß sie uns glauben, dann ist nichts leichter, als dies, alle diejenigen als Calvinisten auszuschreien, die nicht so vernünftig glauben wie wir. Ich weiß freilich, wenn ich sage, daß Gott darum nicht alle Menschen habe bekehren und gläubig machen können, weil er einmal seine Heilsordnung festgesetzt habe, daß ich auch damit das Geheimniß nicht im allermindesten erklärt habe, und daß es daher freilich nur eine Art Schwindel ist, wenn ich mich stelle, als ob von mir damit der Christenheit endlich der Schlüssel zu dem Geheimniß gegeben worden sei, warum Gott nicht allen Menschen den Glauben gebe, obwohl er nach seinem Wort ernstlich wolle, daß allen Menschen geholfen werde: aber man muß bedenken, eine solche Maßregel zur Vertheidigung der Wahrheit ist immer erlaubt. Darum laßt uns nur freudig fortfahren, laut zu rufen: Hieraus folgt offenbarer Calvinismus! und trotz aller Einreden damit nicht aufhören, so werden wir gewiß endlich siegen. Ihr wißt ja, was für Leser wir haben.“ Dafür, daß gerade die Verfasser und ersten Vertheidiger der Concordienformel gelehrt haben, daß Gott alle Menschen bekehren könnte und daß daraus doch kein Calvinismus folge und gefolgert werden dürfe, könnten wir zwar noch mehr Stellen aus den Schriften derselben, z. B. aus dem Handbüchlein Kirchners, anführen, aber die bereits angeführten mögen und werden hoffentlich für die genügen, welche die Wahrheit sehen und anerkennen wollen. Sie werden bald einsehen, während unser Bekenntniß davor warnt, über die Gnadenwahl nach der „Vernunft“ zu urtheilen, zu „schließen“ oder zu „grübeln“ und alles „zusammenreimen“ zu wollen (denn damit komme man auf die erschrecklichsten Lehren, die entweder zur fleischlichen Sicherheit oder zur Verzweiflung führen müßten), wir sagen, während unser Bekenntniß vor diesem Vernünfteln warnt, so halten uns jetzt unsere Gegner die Schlüsse, welche ihre Vernunft aus der wahren Gnadenwahlslehre zieht, als ihre Gründe vor, um welcher willen sie diese Lehre verwerfen und verdammen müßten. Wovor also unser Bekenntniß so treulich warnt, das Schließen und Reimenwollen, das ist unseren Gegnern die unüberwindliche Burg, von welcher herab sie auf uns ihre tödtlichen Pfeile und Speere werfen, und die eiserne Mauer, hinter welcher sie sich für schußfest und geborgen achten. — Uebrigens verstanden die alten Dogmatiker keinen Spaß, wenn sich ein armer Mensch herausnahm, Gott deswegen zur Rede zu stellen, „daß er nicht einem sowohl als dem anderen den Glauben gibt." So schreibt z. B. der alte Jenaische Professor P. Piscator in seinem Commentar zur Concordienformel im Jahre 1610: „In diesem Sinne schrieb vor 40 Jahren ein gelehrter und in den Schriften Luthers sehr bewanderter Theolog: ‚Daß aber etliche solch kindisch und gar bachantisch Ding fürgeben und sagen därfen: Wenn es allein an Gottes bloßer Gnade und Erwählung und nicht auch zum Theil an des Menschen Willen gelegen sei, oder wenn es allein bei Gott stehe, daß der Mensch gläubig und die Seligkeit im Wort annehme, und nicht bei des Menschen freier Willkür, so sei Gott ein Anseher der Person, cum non aequalibus aequalia dividat‘ (weil er nicht den Gleichen Gleiches zutheile), ‚weil er nicht einem sowohl als dem andern den Glauben dazu gibt: darauf sollte man solche Lappen mit Ruthen hauen, daß sie unsern HErrn Gott darum der Unbilligkeit zeihen, weil sich seine unbegreiflichen Gerichte nicht mit ihrer närrischen Vernunft reimen.‘ " (Commentar. in F. C. p. 577.)

Seite 13 heißt es: „Sie" (die sogenannten „St. Louiser") „behaupten, die ganz allgemeine Regel Ebr. 11, 6.: ‚Ohne Glauben ist's unmöglich, Gott gefallen‘ — diese Regel habe keine Geltung bei Gott gehabt bei der Auswahl der Personen." — Soll dieses so viel heißen, Gott habe durch den vorausgesehenen Glauben eines Menschen sich nicht bewegen lassen, ihn zu erwählen, so hat Prof. St. recht, denn den Glauben zur bewegenden Ursache machen, ist „widersinnig", sagt selbst Gerhard. Soll aber der Leser glauben, wir lehrten eine Wahl zur Seligkeit ohne Glauben, so ist das eine unentschuldbare Verleumdung. So heißt es z. B. im Synodalbericht unseres westlichen Districts vom Jahre 1879: „Wenn mich Gott nicht in Christo gesehen hätte, hätte er mich nicht erwählt." (S. 56.) Wir glauben nämlich, daß wir dies hier wiederholen, 1. von Grund unseres Herzens, was die Concordienformel sagt, daß Gott „in seinem ewigen göttlichen Rath beschlossen, daß er außerhalb denen, so seinen Sohn Christum erkennen und wahrhaftig an ihn glauben, nie=

mand wolle selig machen" (S. 556.) Wir glauben aber 2. ebenfalls von Grund unseres Herzens, was dieselbe Concordienformel sagt, daß „Gott in seinem Rath vor der Zeit der Welt bedacht und verordnet hat, daß Er alles, was zu unserer Bekehrung gehöret, selbst mit der Kraft seines Heiligen Geistes durchs Wort in uns schaffen und wirken wolle" und „daß Gott eines jeden Christen Bekehrung, Gerechtigkeit und Seligkeit so hoch ihm angelegen sein lassen und es so treulich damit gemeinet, daß er, ehe der Welt Grund geleget, darüber Rath gehalten und in seinem Fürsatz verordnet hat (in illo arcano suo proposito jam tum ordinaverit), wie er mich darzu bringen und darinnen erhalten wolle." (S. 714.) Das erstere glauben wir mit unseren Gegnern, aber das letztere glauben unsere Gegner nicht mit uns. Chemnitz drückt in seinem Handbüchlein den zweiten Satz folgendermaßen aus: „Gott hat jede und alle Personen der Auserwählten, so durch Christum sollen selig werden, in seinem ewigen Rath, nach seinem gnädigen Fürsatz bedacht und zur Seligkeit versehen und erwählet, auch verordnet, wie er sie durch seine Gnade, Gaben und Wirkung darzu bringen, befördern und erhalten wolle." —

Auf Seite 13 schreibt Herr Prof. St. ferner: „Sind richtige und nothwendige Folgerungen aus einer aufgestellten Lehre falsch, so beweis't das unwiderleglich, daß auch die Lehre selbst falsch ist." Da hat er ganz recht. Wenn er aber hinzusetzt: „Und so steht es bei der Lehre der St. Louiser", so ist das nur sein eigener Traum. Denn die Folgerungen, durch welche er uns einstreiten will, wir widersprächen der Lehre von der allgemeinen Gnade, sind eben keine „richtigen und nothwendigen" Folgerungen, sondern falsche, leichtfertige, aus der Vernunft geschöpfte, durch Gottes Wort nicht bestätigte, sondern längst widerlegte. Wohl glauben wir vieles, was sich gegenseitig zu widersprechen scheint; aber da alles das, was wir glauben, aus Gottes Wort genommen ist, so kann darin nur ein Rationalist, der seine Vernunft über Gottes Wort stellt, einen Widerspruch finden. Wir glauben, es ist nur Ein Gott, wir glauben aber auch, daß der Vater Gott und der Sohn Gott und der Heilige Geist Gott ist; mag das auch unsere Vernunft nicht zusammenreimen können, so glauben wir doch beides, weil beides Gottes Wort lehrt. Wir glauben daher auch, daß Gott allein aus seiner

Gnade um Christi willen uns erwählt hat, ohne in uns einen Unter=
schied vor andern gesehen zu haben, der ihn bewogen hätte, gerade
uns zu erwählen; wir glauben aber auch, daß diejenigen, welche
n i ch t erwählt sind, selbst daran schuld sind, weil Gott ihr hart=
näckiges Widerstreben vorausgesehen hat, und daß davon Gottes
Vorsehung nicht die Ursache ist. Auch unsere Vernunft kann das
nicht zusammenreimen; aber wir glauben beides, weil beides Gottes
Wort lehrt. Vergl. Ephes. 1, 3—6. Matth. 23, 37. Hos. 13, 9. —

Auf Seite 13 und 14 citirt nun Prof. Stellhorn folgende
Worte aus dem Synodalbericht unseres westlichen Districts vom
Jahre 1879: „Der Angefochtene denkt: Wenn Gott weiß, daß ich
in die Hölle komme, so komme ich auch hinein, ich mag machen, was
ich will; die Zahl der Auserwählten kann nicht größer und nicht
kleiner werden. Was Gott vorher weiß, das muß auch geschehen.
Gehöre ich nicht zu den Auserwählten, so kann ich noch so fleißig
Gottes Wort hören, mich absolviren lassen, zum Abendmahl gehen,
es ist alles verloren. Was antwortet da Luther? ‚Das ja wahr ist
und zugegeben werden muß.‘ Da macht er ihm kein ander Evange=
lium, da läßt er ihn stecken in dieser Wahrheit; denn das wäre ja
des Teufels Evangelium, das da widerspräche dem Worte Gottes.“
Nachdem nun Herr Prof. St. diese unsere Worte citirt hat, bricht er
plötzlich ab und ruft entsetzt aus: „I st das n i ch t er schreck lich?“

Wir antworten hierauf erstlich: Ja freilich ist das „er schreck=
lich“; aber ist es etwa nicht wahr? Muß das etwa nicht ge=
schehen, wovon Gott voraus weiß, daß es geschehen werde? Kann
sich etwa Gott in seinem Vorauswissen irren, so daß das doch nicht
geschieht, was er voraus weiß? Gott weiß voraus, wann, wo und
wie wir sterben werden; werden wir aber doch vielleicht zu einer
anderen Zeit, an einem anderen Ort und auf eine andere Weise
sterben, als es Gott voraus weiß? Gott allein weiß Tag und
Stunde des Endes der Welt voraus; wird und kann das=
selbe aber etwa doch auch an einem anderen Tage und in einer an=
deren Stunde erfolgen, als es Gott voraus weiß? Das wird nur
ein Narr sagen, der nicht an Gottes Allwissenheit und Unfehlbarkeit
glaubt. Wohlan, wenn nun Gott voraus weiß, welche
keine Auserwählten sind, weil sie im Unglauben ster=
ben (und hoffentlich wird niemand leugnen, daß Gott auch dieses

voraus weiß): werden und können dann solche Menschen doch
selig werden, weil sie doch Gottes Wort, obgleich ohne Glauben,
fleißig hören, sich, obwohl ohne Glauben, fleißig absolviren lassen,
zum Tisch des HErrn, obwohl ohne Glauben, fleißig hinzugehen?
Das wird nur ein Unchrist, aber kein Christ, am wenigsten ein luthe=
rischer Christ behaupten. Selbst Herr Prof. Stellhorn wird dies
nicht zu behaupten wagen. Denn zu sagen, daß ein Mensch, von
welchem Gott vorausgesehen hat, daß er bis an das
Ende nicht an Christum glauben werde, den daher Gott
nicht in die Zahl seiner Auserwählten aufgenommen hat, daß ein
solcher dennoch werde selig werden, wenn er nur fleißig Gottes Wort
höre, sich absolviren lasse und zum Abendmahl gehe, obwohl im
Unglauben (denn nur von solchen ist hier die Rede): das wäre
in der That „des Teufels Evangelium". Der HErr sagt: „Wer
aber nicht glaubet, der ist schon gerichtet; denn er glaubet
nicht an den Namen des eingebornen Sohnes Gottes. Wer dem
Sohn nicht glaubet, der wird das Leben nicht sehen,
sondern der Zorn Gottes bleibet über ihm." Joh. 3, 18. 36.
Der HErr sagt: „Es werden viele zu mir sagen an jenem Tage:
HErr, HErr, haben wir nicht in deinem Namen geweissaget? haben
wir nicht in deinem Namen Teufel ausgetrieben? haben wir nicht in
deinem Namen viel Thaten gethan? Dann werde ich ihnen bekennen:
Ich habe euch noch nie erkannt, weichet alle von mir, ihr
Uebelthäter." Matth. 7, 22. 23. Wäre es also nicht „des Teufels
Evangelium", wenn man einem Menschen sagte: So spricht zwar
der HErr, aber sei nur getrost: wenn du auch nicht im Glauben
stehst oder doch nicht im Glauben bleibst, wenn du nur fleißig zur
Kirche, zur Beichte und zum Abendmahl gehst, so wirst du doch nicht
gerichtet, so wirst du doch einst das Leben sehen, so wird dich doch
Gott als den Seinen anerkennen? Nun sind aber die Nicht=Aus=
erwählten solche Leute, welche nach Gottes Vorauswissen entweder
nie zum Glauben kommen oder doch im Glauben nicht bis ans Ende
beständig bleiben werden. Wenn nun ein Angefochtener sagt:
„Ach, wenn ich nicht zu den Auserwählten gehöre, so kann ich noch
so fleißig Gottes Wort hören, mich absolviren lassen, zum Abendmahl
gehen, es ist alles verloren", muß man dann einem solchen Ange=
fochtenen sagen: „Wenn du auch nicht zu den Auserwählten ge=

hörest, das schadet nichts; wenn du dich nur äußerlich christlich ver=
hältst, so kannst und wirst du doch selig werden"? Muß man ihm
dann nicht vielmehr zugeben: „Ja, freilich ist das wahr, wenn du
ein Nicht=Auserwählter wärest, dann würde dir dein Kirchengehen
u. s. w. freilich nicht in den Himmel helfen"? Es wäre ganz schänd=
lich, wenn man einen Angefochtenen mit der Lüge trösten würde:
„Wenn Gott auch voraus gewußt hat, daß du im Unglauben sterben
werdest, und wenn du daher kein Auserwählter bist: du kommst nichts
desto weniger in den Himmel, wenn du nur äußerlich thust, wie alle
gute Christen thun." Aber freilich dürfte ein treuer Seelsorger nicht
damit abbrechen, daß er dem Angefochtenen zugäbe, wenn er kein
Auserwählter wäre, so könne er allerdings nicht selig werden; sondern
nun müßte ein treuer Seelsorger dem Angefochtenen zeigen, der Ge=
danke, daß er kein Auserwählter sei und daß darum alles Gehen zur
Kirche, alles Absolviren, alles Communiciren verloren sei, dieser Ge=
danke sei vom Teufel. In Gottes Wort werde ja allen armen Sün=
dern Gnade, Gerechtigkeit und Seligkeit zugesagt; wenn er sich daran
halte, so dürfe und solle er nur fest glauben, daß auch er zu den Aus=
erwählten gehöre. Wäre es, um die Sache durch ein anderes Beispiel
klar zu machen, nicht greulich, wenn ein Angefochtener glaubte die
Sünde in den Heiligen Geist begangen zu haben und daß er
daher nicht selig werden könne, und wenn nun ein Seelsorger den
Angefochtenen dadurch zu trösten suchte, daß er sagte, wenn er auch
die Sünde in den Heiligen Geist begangen hätte, so schade das nichts;
diese Sünde könne auch vergeben werden, obgleich der HErr das
Gegentheil sage (Matth. 12, 31. 32.)? Nein, ein rechter Seelsorger
würde es dem Angefochtenen zugeben, daß freilich die Sünde in
den Heiligen Geist nicht vergeben werden könne; aber er würde
ihm dann zeigen, daß er diese Sünde keineswegs be=
gangen habe, daß es der Teufel sei, welcher ihm solche Gedanken
eingegeben habe; denn wer gerne glauben und Gnade haben wolle,
der habe jene erschreckliche Sünde unmöglich begangen. Wer diese
Sünde begangen habe, der sei so verstockt, daß er von Gnade und
Glauben nichts wissen wolle. Gerade so ist es auch mit einem Chri=
sten, welcher von dem Gedanken angefochten ist, daß er kein Aus=
erwählter sei. Dem muß gezeigt werden, daß das eine teuflische
Anfechtung sei, aber zugegeben muß ihm dabei dennoch werden, daß

4

allerdings nur die Auserwählten selig werden, aber kein Nicht-Aus-
erwählter. Denn in Gottes Wort steht deutlich geschrieben, daß die
Engel am jüngsten Tage „werden sammeln seine Auserwählten
von den vier Winden, von einem Ende des Himmels zu dem andern"
(Matth. 24, 31.) und daß diese allein als die Gesegneten des
Vaters das Reich ererben werden, das ihnen bereitet ist von An-
beginn der Welt (Matth. 25, 34.), während die Verworfenen in das
ewige Feuer werden geworfen werden, das bereitet ist dem Teufel
und seinen Engeln (Matth. 25, 41.). Glaubt denn das nicht auch
Prof. St.? Auch unsere Kirche bekennt in ihrem Bekenntniß ausdrücklich auch dieses, daß „allein die Auserwählten selig
werden" (S. 709.). Muß das daher unser Herr Gegner nicht
auch zugeben, wenn er noch für einen bekenntnißtreuen Lutheraner
angesehen sein will? Und lehren dies nicht auch die rechtgläubigen
lutherischen Dogmatiker, auf die sich unsere Gegner immer berufen?
So schreibt z. B. Balthasar Meisner: „Welchen Gott erwählt,
das ist, selig zu machen beschlossen hat, den macht er gewiß selig,
und umgekehrt. Daraus folgt, daß der Auserwählte immer ein
Auserwählter bleibt, und niemals ein Verworfener wird, und umgekehrt." (Anthropol. Disp. XVI. A 3.) So schreibt ferner
Balthasar Menzer: „Alle und allein die Erwählten beharren im Glauben bis ans Ende." (Disput. in academ.
Giess. hab. Tom. VII, 499.) Wir kennen keinen anerkannt rechtgläubigen Theologen unserer Kirche bis auf Baier und Hollaz herab,
welcher nicht die Unveränderlichkeit zu den Eigenschaften sowohl
des göttlichen Rathschlusses der Erwählung, als der Verwerfung lehrte.
Daß diese Rathschlüsse veränderlich seien, daß also aus einem Auserwählten ein Verworfener und aus einem Verworfenen ein Auserwählter werden und so die Zahl derselben vermehrt und vermindert
werden könne, das behauptete Huber, das behaupteten die rationalistischen Socinianer und die synergistischen Arminianer,
wie jeder weiß, welcher die Kirchengeschichte nur einigermaßen kennt;
und gegen diese haben unsere rechtgläubigen Theologen die Unveränderlichkeit des Rathschlusses der Erwählung und Verwerfung
ausführlich vertheidigt. Der Stifter der socinianischen Secte, So-
cinus, lehrte: „Daß niemand so mit Namen erwählt werde, daß
er nicht verloren gehen könne, und hinwiederum, daß niemand so

verworfen werde, daß er nicht selig werden könne; jener, wenn er zu glauben aufhöre, dieser, wenn er (zu glauben) anfange." Dagegen kämpft Calov in seiner Streitschrift gegen die Socinianer mit großem Ernst und sagt am Schlusse: „Wenn die Auserwählten verloren gehen könnten, so wäre Gottes Voraussehen falsch und die Erwählung veränderlich, da doch Gott im Gegentheil in seinem Voraussehen sich nicht täuschen kann. Wenn die Erwählung ungewiß und veränderlich wäre, so wäre sie nicht von Ewigkeit geschehen; denn was von Ewigkeit ist, das ist nicht veränderlich; nun ist aber sie (die Erwählung) von Ewigkeit geschehen. Matth. 25, 34. Ephes. 1, 4. 2 Tim. 1, 9. Offenb. 17, 8. u. s. w." (Socinismus profligatus, p. 744.) Dasselbe vertheidigt Calov auch gegen die Arminianer in seiner Streitschrift gegen dieselben. (Consideratio Arminianismi, p. 446—450.) Das mag hiervon genug sein. Es ist in der That eine verdrießliche Arbeit, einem Manne etwas beweisen zu müssen, der das, was man ihm beweisen soll, schon selbst ganz gut weiß, aber sich so verhält, als wisse er es nicht, sondern als entsetze er sich davor.

Herr Prof. St. macht sich aber bei dieser Sache auch mehrfach noch in anderer Beziehung eines höchst unehrlichen Verfahrens schuldig. Hierüber nun nur einige Worte.

Die aus unserem Synodalbericht citirten Worte sind nichts, als eine Bestätigung dessen, was unmittelbar vorher aus Luther angeführt worden war. Hätte nun St. seinen Lesern gegenüber ehrlich verfahren wollen, so hätte er natürlich diese Worte Luthers mit anführen und zu zeigen wenigstens versuchen müssen, daß wir Luther mißverstanden oder mißbraucht hätten. Aber was thut St.? — Er läßt Luthers Worte einfach weg; denn er sah wohl, daß jeder Leser, wenn er Luthers Worte erführe, sagen würde oder doch leicht sagen könnte: „Was willst du denn, St.? Was die St. Louiser sagen, ist ja nichts anderes, als was Luther gesagt hat! Willst du denn, um die St. Louiser zu Schanden zu machen, auch noch unseren Vater Luther verketzern?" Ja, dieses Urtheil fürchtete er wenigstens von einigen seiner Leser, und daher citirt er die von uns angeführten Worte Luthers lieber gar nicht! Das ist nun zwar schlau und klug, aber ist es ehrlich? — Nein, das ist sehr unehrlich! — Doch auch das war Herrn Prof. St. noch nicht genug: anstatt die Worte Luthers, auf die sich unsere Worte beziehen, ehrlich

seinen Lesern mitzutheilen, citirt er davon nicht nur keine Silbe, son=
dern schreibt er: „Aber Luther soll ja jenes selber sagen,
behaupten die St. Louiser. Luther sagt aber das durchaus
nicht, wenn es auch auf den ersten Blick so aussieht.
Denn Luther redet da zunächst (!!) vom Wissen Gottes und nicht
von einem Beschlusse." Was für eine Sorte Leser seines Tractats
mag sich wohl der Herr Professor hierbei vorgestellt haben? — Ent=
weder solche, die nach keinem Beweis fragen und ihm aufs Wort
glauben, oder solche, die „gern tanzen, denen daher gut geigen ist",
das heißt, solchen, welche alles schon im voraus für wahr annehmen,
was gegen die verhaßten „St. Louiser" geschrieben wird, mag es
wahr oder unwahr sein. Solcher Polemik sollte sich aber wenigstens
ein Mann schämen, der soeben zum Professor der Theologie creirt
worden ist. Er sucht sich zwar ein wenig den Anschein zu geben, als
ob er beweisen könne, daß Luther in der von uns angeführten Stelle
etwas ganz anderes meine, als was wir darin zu finden wähnten;
denn Luther rede darin „zunächst" vom „Wissen" Gottes und nicht
von einem „Beschlusse"; aber auch das ist nur eine Flause. Freilich
redet Luther, und zwar mit gutem Bedacht, „zunächst" von Gottes
unfehlbarem Vorherwissen, aber in Absicht darauf, ob jemand
„versehen" oder nicht „versehen", das heißt, nach Luthers
Sprache und Verstand, ob jemand erwählt oder nicht erwählt
sei; denn davon handelt der ganze Brief, dem unsere Stelle ent=
nommen ist. Luther redet aber gerade hier von Gottes Vorher=
wissen, weil die Gewißheit der Nicht=Erwählung oder Verwerfung
der Verworfenen, um die es sich hier „zunächst" handelt, nicht sowohl
Gottes Rathschluß, als vielmehr Gottes Vorherwissen zur Ursache
hat; denn verworfen hat Gott gewisse Menschen in der Ewigkeit nur
darum, weil er ihren beharrlichen Unglauben vorausgesehen hat,
nicht weil er sie von Ewigkeit zur Verdammniß bestimmt hätte. Es
ist daher auch unverkennbar, daß dem Herrn Professor bei jener Aus=
flucht, Luther rede ja zunächst von Gottes Vorauswissen, nicht recht
wohl zu Muthe war. Er setzt daher, ohne eine Beweisführung zu
versuchen, flugs hinzu: „Jedenfalls will und kann er das
nicht sagen, was die St. Louiser ihn sagen lassen. Er müßte sich
sonst aufs klarste widersprechen!" Ein sauberer Beweis! Also
wenn ein Schriftsteller in seinen Schriften einmal so, ein andermal so

sich ausspricht, dann hat nach dem Herrn Professor der Leser die Frei=
heit, die eine Stelle anders zu verstehen, als sie lautet, und die an=
dere als die richtige allein anzunehmen. Gerade so machten es einst
die Calvinisten mit verschiedenen, nach ihrer Meinung sich zu
widersprechen scheinenden Schriftstellen. Aber Gerhard hat
sie schnell mit dieser Sophisterei heimgeschickt. Sie hatten nämlich
z. B. gesagt, in einigen Stellen der Schrift scheine allerdings die
Gegenwart des Leibes Christi im heiligen Abendmahle gelehrt zu
werden, in anderen aber werde gelehrt, Christus habe einen wahren
menschlichen Leib; das widerspreche sich aber ganz offenbar, denn
wenn Christus wirklich einen wahren menschlichen Leib habe, so
könne derselbe unmöglich überall da gegenwärtig sein, wo das heilige
Abendmahl verwaltet werde. Daher müsse man der Sache dadurch
helfen, daß man die eine Stelle anders deute, als sie laute. Was
that da nun Gerhard? Er legte ihnen einfach die Frage vor:
„Warum sie diesen Theil des Widerspruchs, nämlich die Wahr=
heit der Gegenwart, lieber verneinen wollten, als den an=
dern Theil, nämlich die Wahrheit des Leibes?" (Loc. de sacra
coena, § 88.) So fragen auch wir unseren Herrn Professor: War=
um er lieber die zweite auch von uns citirte Stelle annehmen wolle,
als die erste, wenn sie sich widersprechen sollten? — Auf diese Frage
scheint er jedoch schon gefaßt gewesen zu sein, denn er macht darauf
aufmerksam, daß die erste Stelle vom Jahre 1528 und die zweite
„aus der letzten Zeit seines Lebens" (nämlich des Lebens Luthers)
stamme. Aber auch hiermit kommt unser armer Herr Professor nicht
durch. Die andere Stelle aus der Auslegung des 26. Cap. der Gene=
sis, welche St. der ersten entgegenstellt, stammt aus dem Jahre 1540,
wie, wenn es begehrt wird, klar nachzuweisen ist. Vielleicht erinnert
sich aber unser Herr Professor selbst noch einer anderen Stelle, welche
einer noch späteren, und zwar um fünf Jahre späteren Zeit ent=
stammt und die dem Herrn Professor besondere Freude bereitet und
ihn sogar zu öffentlichem „Lob und Dank" gegen Gott erweckt hat,
wie in seinem Trctat Seite 9 zu lesen ist, wo auch besonders betont
wird, daß Luther diese Stelle „nur ein halbes Jahr vor sei=
nem seligen Ende", nämlich am 8. August 1545, geschrieben
habe. Was schreibt aber da Luther unter anderem? Folgendes:
„Wenn übrigens nach göttlichem Verstand (so viel die Unveränder=

lichkeit Gottes betrifft) geredet werden sollte, so muß das Urtheil fest
stehen: daß derjenige, welchen Gott vor Grundlegung der Welt er=
wählt habe, nicht verloren gehen könne; denn niemand wird die
Schafe aus der Hand ihres Hirten reißen; welchen er aber ver=
worfen habe, daß derselbe nicht selig werden könne,
wenn er auch alle Werke der Heiligen gethan haben sollte.
So unveränderlich ist Gottes Urtheil." (S. Luthers
Briefe, herausg. von de Wette und Seidemann, Bd. VI, 428.)
Wie gefällt dem Herrn Professor diese Stelle? Wir fürchten sehr, hätte
er den Brief, aus welchem diese Stelle genommen ist, nicht schon
Seite 9 seines Tractats so hoch gelobt, er würde sich, so bald er sie
gelesen hätte, von ihr gerade so, wie von unseren Worten, mit Ab=
scheu abgewendet und entsetzt ausgerufen haben: „Ist das nicht
erschrecklich?" (S. Stellhorn's Tractat S. 14.) Wir fürchten
sehr, wenn Herr Prof. St. diese Stelle aus Luthers Feder vom Jahre
1545 unversehens zu lesen bekommen hätte, es würde ihm gegangen
sein wie jenem Papisten, welcher das erste Mal Pauli Briefe las
und hierauf mit Entsetzen ausrief: „Wie? Paule! bist du auch lu=
therisch geworden?" Der Herr Professor würde nämlich mit Entsetzen
ausgerufen haben: „Wie? Luther! bist du auch ‚neumissourisch‘,
das ist, calvinistisch geworden?" Denn das wird selbst Herr Prof.
St. zugeben: wie ein Ei dem andern, so sieht die Stelle aus Luthers
Brief vom Jahre 1545 unseren Worten vom Jahre 1879 ähnlich.

„Aber", wird er vielleicht sagen, „sollte denn Luther sich so
grausam selbst widersprochen haben, wie es sich ergibt, wenn man die
Stellen von 1528 und von 1545 mit der Stelle von 1540 vergleicht?
Sollte denn wirklich Luther ein so erschrecklicher Confusionarius ge=
wesen sein, daß er im Jahre 1528 und 1545 eine Rede für göttliche
unveränderliche Wahrheit und 1540 wieder für ‚gottlose Worte‘ er=
klären konnte?" — Hierauf antworten wir: „Liebster Herr Pro=
fessor! sein Sie nur in dieser Beziehung ganz ruhig! Luther, das
können Sie uns getrost auf's Wort glauben, war kein Confusionarius.
Wäre er das gewesen, Gott hätte dann schwerlich durch ihn die Kirche
reformirt! Wie Luther im Jahre 1528 gelehrt und geglaubt hat,
so hat er gelehrt und geglaubt bis an sein seliges Ende. Alle Jahre
seinen Glauben zu ändern, wie es jetzt Mode ist, war zu Luthers
Zeit noch nicht Mode, wenigstens hat Luther diese Mode nicht mit=

gemacht." Aber, wird der Herr Professor sagen: Ist's denn nicht wirklich so, daß Luther, was ich in meinem Tractat Seite 14 und 15 citire, geschrieben hat? nämlich Folgendes: „Ich höre, daß hin und wieder unter denen vom Adel und andern großen Herren etwa b ö s e Worte fallen und ausgebreitet werden von der Vorsehung oder Vorwissenheit Gottes. Denn also sollen sie reden: Wenn ich versehen bin, so mag ich entweder gutes oder böses thun, ich werde doch selig werden; bin ich aber nicht versehen, so muß ich verdammt werden, unangesehen meiner Werke. Wider solche gottlose Worte wollte ich gern lange disputiren, wenn ich es meiner Gesundheit halben, deren ich jetzt nicht fast gewiß bin, thun könnte. Denn wenn die Worte wahr sind, wie sie sich dünken lassen, so wird damit die Menschwerdung des Sohnes Gottes, sein Leiden und Auferstehung und alles, was er gethan hat um der Welt Heil und Seligkeit willen, gar aufgehoben und weggenommen." Hier wird, sagt Herr Prof. St., was wir für das rechte „Evangelium" und für die „Wahrheit" halten und ausgeben, von Luther offenbar als „gottlose Worte" verdammt! Aber, liebster Herr Professor, wo haben Sie doch hier Ihren Verstand gelassen? In der Stelle, mit welcher wir Luthers Uebereinstimmung mit unserer Lehre nachweisen, ist ja die Rede von einem angefochtenen wahren gläubigen Christen, der Gottes Wort über alles achtet und mit Furcht und Zittern schafft selig zu werden, aber ganz richtig sagt, daß, wenn er nicht erwählt wäre, er gewiß verloren gehen müsse, möge er auch noch so viele äußerliche Werke des Christenthums verrichten; in der anderen Stelle ist aber von gottlosen Spöttern „unter denen vom Adel und anderen großen Herren" die Rede, welche die Lehre von der Gnadenwahl schändlich verkehren und mißbrauchen. Der angefochtene gottselige Christ fürchtet im Gefühl seiner Sündhaftigkeit und weil er hingegen den Glauben n i c h t fühlt, er sei nicht erwählt, und daraus macht er den Schluß, er müsse verloren gehen, was er auch immer thun möge; die Spötter lassen es auf sich beruhen, ob sie Erwählte oder Nicht-Erwählte seien, und machen nur aus der Lehre von der Versehung den Schluß, daß es also unnöthig und vergeblich sei, sich mit Gottes Wort und dem Weg zur Seligkeit etwas zu schaffen zu machen, daß sie sich weder um die Gottseligkeit zu bemühen, noch wegen ihres Lebens in Sünden sich Sorge zu machen hätten; denn was Gott einmal beschlossen habe, das werde und müsse doch geschehen. Und das soll eins und dasselbe sein?! —

Doch wir können noch immer nicht von Seite 14 und 15 des Stellhorn'schen Tractats Abschied nehmen. Denn es findet sich auf diesen Seiten, wir möchten fast sagen, ein ganzes Nest von Verkehrungen. Herr Prof. St. führt nämlich nicht nur Luthers Worte nicht an, auf welche wir uns bezogen haben, sondern er läßt auch das weg, was wir zu näherer Erklärung unserer von ihm angegriffenen Worte hinzu gesetzt haben. Es heißt nämlich in unserem Synodalbericht nach dem von Stellhorn daraus Citirten, und zwar unmittelbar darauf, folgendermaßen weiter: „Aber nun kommt er", Luther, „auch mit seiner Generalmedicin, mit dem Evangelium, und sagt: Wenn du aber nun deshalb denkst, du wirst verdammt, so sind das deine Gedanken; Gott hat solche Gedanken nicht, denn Gott will, daß alle Menschen sollen selig werden. Das hat er deutlich geoffenbart, und zwar dazu, daß du es glauben sollst. Wenn denn alle Menschen selig werden sollen, so weißt du, daß du auch selig werden sollst, denn du gehörst zu ihnen. — Es ist etwas ganz Wundervolles, wie rein, kräftig und tröstlich Luther die Allgemeinheit der Gnade Gottes lehrt; darum es eine schändliche Verläsierung Luthers ist, wenn man sagt, was auch hier in America vorkommt, daß Luther ein Particularist gewesen sei, d. h., daß er die Allgemeinheit der Gnade Gottes geleugnet habe; während niemand sie so gewaltig betont hat, als er." Dies setzten wir hinzu. Herr Prof. St. citirt aber davon kein Wörtlein, sondern bricht in unserer Rede plötzlich ab und ruft, als wäre es ihm dabei gruselig geworden, aus: „Ist das nicht erschrecklich?" Ja, ja, Herr Professor, es ist allerdings „erschrecklich", aber nicht, was wir geschrieben haben, sondern daß Sie unsere Erklärungsworte weggelassen und denselben einen ganz anderen Sinn untergelegt haben, als welcher in denselben liegt. Denn Herr Prof. St. construirt aus unseren Worten die schreckliche Lehre, als habe Gott bei der Wahl selbst nicht darauf gesehen, „ob die Menschen trotz aller seiner Gnade im muthwilligen Unglauben sterben würden." Das überbietet in der That alle die anderen Fälschungen, welcher sich Herr Prof. St. in seinem Tractat gegen uns schuldig gemacht hat. Der

einzige Entschuldigungsgrund, den sich hier die christliche Liebe aus=
sinnen mag, ist dieser, daß Herr Prof. St., als er dieses schrieb,
außer sich war, und daher nicht wußte, was er schrieb. Denn daß
wir lehren, Gott habe allerdings auf den bis ans Ende dauernden
Unglauben gesehen, und daß wir die Gegenlehre verabscheuen, das
wußte er. —

Auf Seite 14 des Tractats kommt übrigens auch etwas zur Er=
heiterung vor, was wir unsern Lesern daher nicht verschweigen dür=
fen. Es heißt nämlich da: „Wir" (Columbuser) „sollen Rationa=
listen sein, Leute, die ihre Vernunft nicht gefangen nehmen wollen
unter Gottes Wort. Sie" (dies Wörtlein unterstreicht St. selbst
und meint damit uns St. Louiser) „sind aber in Wahrheit die Ra=
tionalisten in diesem Falle. Denn alles, was sie im Gegensatz
zu unsern Vätern und uns aufstellen, ist im letzten Grunde nichts als
allerlei Vernunftschlüsse, durch die sie sich die Gnadenwahl
auf ihre Weise klar zu machen suchen, von denen aber Schrift und
Bekenntniß nichts wissen und nichts wissen wollen." Das nennt
man in der Studentensprache den Beweis per Retourkutsche.
Wahrscheinlich soll unser Rationalismus darin stecken, daß wir mit
Luther behaupten, was Gott unfehlbar vorauswisse, das müsse auch
geschehen, das sei unabänderlich und unwiderruflich. Das ist aber
nicht ein bloßer Vernunftgedanke oder Vernunftschluß, sondern eine
in Gottes Wort klar geoffenbarte Wahrheit. Ja, Gottes unfehl=
bares Vorauswissen und unabänderliches Beschließen wird in
der Schrift geradezu als das Unterscheidungszeichen des wahren
Gottes im Unterschiede von den falschen Göttern gerühmt. Vergl.
Jes. 41, 22. 23. 42, 9. 43, 9—13. 46, 10. —

Wer einigemal wider die warnende Stimme seines Gewissens
nur mit halber innerlicher Zustimmung und einer gewissen
Scheu die Wahrheit verletzt, der kommt allmählich dahin, daß er dies
später unter Stillschweigen seines Gewissens thut, und end=
lich immer gröbere Unwahrheiten zu reden und zu schreiben sich er=
laubt mit voller Zustimmung seines verblendeten Verstandes und
seines wie verwüsteten Herzens. (Vgl. Matth. 13, 12.) Ein trau=
riger Beleg hierzu ist unser Herr Professor. Je weiter er in seinem
Tractat vorschreitet, um so unbedenklicher schlägt er der Wahrheit in
das Angesicht, nur von dem einen Gedanken geleitet und beherrscht,

seinen Gegner vor aller Welt scheußlich zu machen. Auf Seite 15 seines Tractats citirt er nämlich folgende Worte aus dem Berichte unserer Synode westlichen Districts vom Jahre 1877: „Ja, Gott hat eine Anzahl von Menschen schon von Ewigkeit zur Seligkeit er= wählt; er hat beschlossen, diese sollen und müssen selig werden; und so gewiß Gott Gott ist, so gewiß werden sie auch selig, und außer ihnen kein anderer. Das lehrt die Schrift, und das ist auch unser Glaube, unsere Lehre und unser Bekenntniß." Daß das nun nichts ist, als die reine Wahrheit, kann niemand leugnen, der noch glaubt, daß die Bibel Gottes Wort ist. Denn Christus sagt deutlich: „Es werden falsche Christi und falsche Propheten aufstehen und große Zeichen und Wunder thun, daß verführet werden in den Irrthum (wo es möglich wäre) auch die Auserwählten." (Matth. 24, 24.) Daß auch die Auserwählten in Irrthum verführt werden und ver= loren gehen, ist also nach Christi Ausspruch unmöglich. Vgl. Joh. 10, 28. Ferner schreibt der heilige Apostel Paulus: „Wer will die Auserwählten Gottes beschuldigen? ... Ich bin gewiß, daß weder Tod noch Leben, weder Engel noch Fürstenthum noch Gewalt, weder Gegenwärtiges noch Zukünftiges, weder Hohes noch Tiefes, noch keine andere Creatur mag uns scheiden von der Liebe Gottes, die in Christo JEsu ist, unserm HErrn." (Röm. 8, 33. 38. vgl. Vers 28—30.) Daß das, was Herr Prof. St. aus unserem Synodal= bericht citirt hat, die reine Wahrheit ist, kann am allerwenigsten der= jenige leugnen, welcher ein Lutheraner sein will. Denn also lesen wir in unserem öffentlichen lutherischen Bekenntniß: „Die ewige Wahl Gottes aber siehet und weiß nicht allein zuvor der Auserwählten Seligkeit, sondern ist auch aus gnädigem Willen und Wohlgefallen Gottes in Christo JEsu eine Ursache, so da unsere Seligkeit und was zu derselben gehöret, schaffet, wirket, hilft und be= fördert; darauf auch unsere Seligkeit also gegründet ist, daß die Pforten der Höllen nichts darwider vermögen sollen, wie ge= schrieben stehet: ‚Meine Schafe wird mir niemand aus meiner Hand reißen.‘ Und abermals: ‚Und es wurden gläubig, so viel ihr zum ewigen Leben verordnet waren.‘" (S. 705 f.) Ferner: „Es gibt auch diese Lehre" (von der Gnadenwahl) „den schönen Trost, daß Gott ... meine Seligkeit so wohl und gewiß habe verwahren wollen, weil sie aus Schwachheit und Bosheit unseres Fleisches aus unseren Händen leichtlich könnte verloren oder durch List und Gewalt des Teufels und der Welt daraus gerissen und genommen werden, **daß er dieselbige"** (nämlich unsere Seligkeit) „**in seinem ewigen Vorsatz, welcher nicht feilen oder umgestoßen werden kann, verordnet** und in die allmächtige Hand unseres Heilandes JEsu Christi, daraus uns niemand reißen kann, zu bewahren gelegt hat, Joh. 10.; daher auch Paulus sagt Röm. 8.: ‚Weil wir nach dem Fürsatz Gottes berufen sind, wer will uns scheiden von der Liebe Gottes?'" (S. 714.) Wer kann hiernach so frech sein, die aus unserem Synodalbericht citirten Worte für unlutherisch zu erklären? — Ja, spricht St., ihr setzt ja hinzu: „**Und außer ihm**" (nämlich dem Auserwählten) **kein anderer**", welche Worte, um die Erschrecklichkeit unserer Lehre recht ins Licht zu stellen, St. daher doppelt unterstrichen hat. Der Mann scheint also nicht gelesen zu haben, daß am jüngsten Tage nur die „**Auserwählten**" in die ewigen Scheuern werden gesammelt werden, wie wir oben schon erwähnt haben; er scheint also auch nicht gelesen zu haben, daß laut unseres Bekenntnisses „**allein** die Auserwählten selig werden**." (S. 709.) Ja, spricht St., ich rede ja nicht von der Gnadenwahl, die wir Columbuser lehren, sondern von der Gnadenwahl, die ihr St. Louiser lehrt, bei welcher sich Gott nicht einmal darnach gerichtet haben soll, ob die Menschen „**gefolgt** haben oder nicht.**" Ja, wohl redet der Herr Professor davon, aber damit beweist er nur, daß er nicht nur ein Synergist, sondern ein Pelagianer der gröbsten Sorte ist, ja, in diesem Punkte zum elendesten Socinianer herabgesunken ist. Denn wenn Gott nur diejenigen erwählt hat, von welchen er voraussah, daß sie schön „**folgen**" würden, dann ist der Mensch um seiner guten Werke willen erwählt! was eine so schändliche Ketzerei ist, daß sie bisher in der lutherischen Kirche noch nicht laut geworden ist, eine Ketzerei, die jeder Christ, welcher das Evangelium nicht ganz verleugnen und mit Füßen treten will, verdammen und verfluchen muß. — Ja, schreibt St. S. 16 seines Tractats, ist es nicht erschrecklich, daß ihr St. Louiser sogar lehrt, Gott habe sich bei der Wahl nicht einmal „**nach Glauben noch Unglauben**" gerichtet? — Ja, wohl ist es erschrecklich, daß Herr Prof. St. eine so grobe Unwahrheit schreiben und drucken lassen kann. Es steht daher so, daß wir keine Schrift unseren Chriften,. welche unsere Sachen lesen, bringender zum Lesen empfehlen könnten, als Herrn Prof. Stellhorn's Tractat, wenn es nöthig wäre; denn wer daraus nicht sehen kann, daß unsere Opponenten ihren Kampf gegen uns auf lauter offenbare Verdrehungen gesetzt haben, der kann überhaupt gar nichts sehen.

Uebrigens scheint den Herrn Tractatschreiber manchmal doch der Gedanke beschlichen zu haben, manche Leser seines Tractats möchten auch unsere Sachen lesen und dann sehen, daß er wider alle Wahrheit uns verleumdet und gelästert habe. Er schreibt daher Seite 17: „Freilich finden sich daneben in den Synodalberichten auch solche Sätze, die das gerade Gegentheil besagen, die also gut lutherisch sind. Und wie gern (!?) wollten wir nun jene unlutherischen (!?) Sätze nach diesen lutherischen zurechtlegen, wenn wir das nur mit gutem Gewissen könnten! Aber diese letzteren passen, leider, gar nicht zu der Grundlehre der St. Louiser." Wir können in diesem Gerede nichts, als Heuchelei, sehen. Was Herrn Prof. St. abhält, nach unseren „gut lutherischen Sätzen" diejenigen, welche ihm unlutherisch erscheinen, zurechtzulegen, ist nichts, als seine große Verblendung, nach welcher er meint, wenn man die Ursache der Erwählung nicht im Menschen suche und finde, sondern allein in Gottes Gnade und Christi allerheiligstem Verdienst, wie die Concordienformel bezeugt (S. 557. 723.), dann sei man ein Calvinist und lehre die absolute Prädestination Calvin's. Gott hat den armen Mann so verlassen, daß er nicht einmal mehr einsehen kann, daß er damit alle bekenntnißtreuen Lutheraner zu Calvinisten macht, sich selbst aber als einen Erzsynergisten offenbart.

Auf Seite 17 seines Tractats sucht nun St. zu erweisen, daß durch unsere (d. i. die lutherische) Lehre den Menschen der Trost genommen werde, der in den allgemeinen evangelischen Gnadenverheißungen liegt, z. B. in Joh. 3, 16. 6, 40. Hesek. 33, 11. Es gehört aber auch dies zu dem Verdrehen und Verfälschen, welches dem armen Manne seit einiger Zeit geradezu zur andern Natur geworden zu sein scheint. Gerade durch unsere Lehre werden die allgemeinen evangelischen Gnadenverheißungen recht tröstlich, während die Lehre unserer Gegner den höchsten Trost aus denselben herausnimmt. Wir lehren nämlich, daß jeder Mensch diese allen Menschen gegebenen Verheißungen, wenn ihm dieselben gepredigt

werden, nicht nur für die Gegenwart glauben, sondern daß er in den=
selben auch seine ewige Wahl suchen, und aus denselben erkennen
soll; unsere Gegner hingegen behaupten, daß, im Gegentheil, aus
den allgemeinen Verheißungen keine einzelne Person auf ihre
Wahl schließen und derselben gewiß werden, sein und bleiben könne.
Hiernach urtheile nun jeder Leser selbst, wer den Trost der allge=
meinen Gnadenverheißungen mit seiner Lehre verkümmere, ob wir,
oder nicht vielmehr unsere Gegner. Daß die von letzteren gegen uns
erhobene Anschuldigung diese selbst trifft, ist so klar wie die Mittags=
sonne. Mag sich Gott über solche Männer erbarmen, die nichts desto
weniger bekenntnißtreue Lutheraner sein wollen, obwohl sie jene klare
Lehre unseres Bekenntnisses verwerfen, daß jeder einzelne Mensch in
den allgemeinen Verheißungen der Gnade seine Wahl suchen
und aus dem Beruf durch die Anbietung derselben auf seine Wahl
schließen solle. (S. 709 f. 717 f.) Ja, spricht aber Prof. St.,
nach eurer Lehre hat es Gott „durch seine Gnadenwahl so einge=
richtet, daß die allermeisten Menschen gar nicht selig werden
können, sie mögen anfangen, was sie wollen." Aber
wie beweist er das? Also: weil Gott nach unserer Lehre, „ohne im
Geringsten darauf zu sehen, wie sich die Menschen gegen die ihnen
allen erworbene und angebotene Gnade verhalten, ob sie nämlich
dieselbe durch seine Gnade und Kraft annehmen oder alle Gnade
muthwillig von sich stoßen würden, die einen, die kleinste
Anzahl, zur Seligkeit bestimmt hätte, so daß sie selig werden müssen,
die anderen aber, die größte Anzahl, mit der Wahl übergangen hätte,
so daß sie nicht selig werden können, sie mögen noch so fleißig
Gottes Wort hören u. s. w.? Wäre das nicht ein ganz er=
schrecklicher Gott?" Das Erste also, womit Herr Prof. St. be=
weisen will, daß es Gott nach unserer Lehre so eingerichtet habe,
daß die meisten Menschen gar nicht selig werden können, sie möchten
thun, was sie wollten, ist dieses, daß sich nach unserer Lehre Gott bei
der Wahl nicht nach dem guten „Verhalten" der Menschen ge=
richtet habe! Daß wir dieses lehren, leugnen wir natürlich nicht.
Wir lehren wirklich, kein einziger Auserwählter habe auch nur das
Allergeringste durch sein Verhalten dazu beigetragen, daß er erwählt
worden ist, daß vielmehr die Wahl eine Gnadenwahl im vollsten
Sinne des Wortes ist. Wenn aber Herr St. auch deswegen aus=

ruft: „Wäre das nicht ein erschrecklicher Gott?" so können wir hierzu nur sagen, daß sich Herr St., was dieses betrifft, an den lieben Gott selbst wenden und, wenn er es wagen kann, ihn, seinen Schöpfer, selbst fragen muß, wie er sich habe unterstehen können, so frei zu schalten und zu walten, wie er das mit seiner gerühmten Gerechtigkeit in Einklang bringen könne. Denn daß diese unsere Lehre in Gottes Wort enthalten sei, darüber ist ein Zweifel unmöglich. Es steht nun einmal klar und deutlich in der Schrift: Gott „hat uns verordnet zur Kindschaft gegen ihn selbst, durch JEsum Christ, nach dem Wohlgefallen seines Willens, zu Lob seiner herrlichen Gnade, durch welche er uns hat angenehm gemacht in dem Geliebten." Ephes. 1, 5. 6. Ja, St. Paulus geht, allen Synergisten zum Trotz, auf Eingeben des Heiligen Geistes sogar so weit, daß er schreibt: „Ehe die Kinder geboren waren und weder Gutes noch Böses gethan hatten, auf daß der Vorsatz Gottes bestünde nach der Wahl; ward zu ihr gesagt, nicht aus Verdienst der Werke, sondern aus Gnaden des Berufers, also: Der Größere soll dienstbar werden dem Kleinern. Wie denn geschrieben stehet: Jakob habe ich geliebet; aber Esau habe ich gehasset. Was wollen wir denn hie sagen? ist denn Gott ungerecht? Das sei ferne! Denn er spricht zu Mose: Welchem ich gnädig bin, dem bin ich gnädig; und welches ich mich erbarme, deß erbarme ich mich. So liegt es nun nicht an jemandes Wollen oder Laufen, sondern an Gottes Erbarmen." Röm. 9, 11—16. Was also den ersten Grund betrifft, warum der Gott, den wir lehren, „ein ganz erschrecklicher Gott" sei, so sind wir mit demselben fertig. Die Anklage trifft nicht uns, sondern den lieben Gott selbst. — Was aber den zweiten Grund betrifft, den Prof. St. vorbringt, daß nämlich Gott nach unserer Lehre auch bei der Verwerfung nicht darauf gesehen haben solle, ob die Menschen „alle Gnade muthwillig von sich stoßen würden", so beruht dieser Grund auf einer muthwilligen Unterschiebung. Wir lehren das nicht, sondern das Gegentheil. Zwar haben die Synergisten je und je behauptet, wer lehren wolle, daß die Ursache der Wahl allein in Gott liege, nämlich in seiner Gnade und in Christi Verdienst, nicht im Menschen; der müsse auch lehren, daß die Ursache der Verwerfung auch allein in Gott liege, nämlich in Versagung seiner Gnade und in Ausschluß

von der Theilnahme an Christi Verdienst; nicht im Menschen; das
sei ja eine unabweisliche Folgerung der gesunden Vernunft: allein
unsere rechtgläubigen Theologen haben diese Folgerung allezeit als
eine hochmüthige Vernünftelei gegen Gottes klares Wort abgewiesen.
Und dabei lassen denn auch wir es heute noch bleiben und sprechen
mit Paulo: „Wer hat des HErrn Sinn erkannt?“ (Röm.
11, 34.) Zwar mockirt sich St. auch darüber, daß wir hier ein Geheimniß setzen und uns dadurch aus der Verlegenheit helfen wollten; allein dagegen trösten wir uns unter anderen mit den Verfassern
unseres Schlußbekenntnisses. Auch diesen war von den Calvinisten
und Synergisten vorgehalten worden: wenn sie wirklich eine Wahl
zur Seligkeit allein aus Gnaden lehrten, die also nicht im Menschen
ihren Grund habe, so müßten sie auch eine Verwerfung lehren,
die ebenfalls ihren Grund nicht im Menschen habe; aber sie wiesen
diesen elenden, dem klaren Worte Gottes widersprechenden Vernunftschluß von sich, und erklärten, daß hier ein Geheimniß vorliege,
welches keine Vernunft auflösen könne, welches aber ein demüthiger
Christ Gott aufs Wort glaube, der seine Vernunft gefangen nehme
unter den Gehorsam Christi (2 Kor. 10, 5.) und geduldig auf das
ewige Leben warte, wo alle Geheimnisse sich zur Ehre Gottes und zu
ewiger Schmach und Schande für alle Ungläubigen herrlich auflösen
würden. Wir haben die betreffende Stelle aus der Apologie der
Concordienformel schon oben auf Seite 42. f. mitgetheilt! Mögen
daher unsere Gegner nur so fortfahren, in rationalistischer Weise
die Lehre von der Gnadenwahl sich zurechtzulegen zu suchen; wohin
sie auf diese Weise gerathen, wird sich bald zeigen. Wir gehen
nicht mit ihnen, und wenn sie zehntausend alte als rechtgläubig an-
erkannte Theologen anführten, auf welche sie sich berufen zu können
meinten. Ein Bibelspruch ist uns zwingender, als Myriaden
von Aussprüchen menschlicher Lehrer. Ja, obwohl wir
überzeugt sind, daß unsere Gegner fälschlich, trüglich und aus purem
Unverstande sich auf unsere alten Dogmatiker berufen, so sollen sie
doch wissen: wenn sie wirklich beweisen könnten, einige unserer berühmten Dogmatiker stünden auf ihrer Seite und theilten ihre synergistischen und rationalistischen Irrthümer, daß wir uns dann nicht
lange besinnen würden, wem wir zu folgen hätten, ob den Dogmatikern oder dem Worte Gottes — wir würden eben die Dogmatiker

unserer Kirche fallen lassen, und Gottes Wort annehmen, wie einst Luther die „heiligen Väter" und „Concilien" fallen ließ, und sich allein auf Gottes Wort stellte. Mögen daher unsere Gegner uns nur ja nicht in dem gegenwärtigen Streite mit den alten Dogmatikern kommen; denn das ist ja eben der Streit, ob diese die Lehre von der Gnadenwahl so unmißverständlich dargestellt haben, als sie es hätten thun sollen. Es ist daher eine große Thorheit, wenn unsere Gegner uns mit Stellen aus den Dogmatikern schlagen und unser Gewissen mit denselben gefangen nehmen wollen. Der greulichste Fehler, den ein Disputator machen kann, ist dieser, wenn er das Bestrittene als seinen Beweis anführt. Die Gelehrten nennen das eine Petitio principii. Wir wissen freilich: wenn unsere Gegner nicht glaubten, sie hätten die alten Dogmatiker für sich, so hätten sie den Streit gar nicht angefangen; denn daß sie durch Gottes Wort oder durch das Bekenntniß unserer Kirche dazu gekommen seien, unsere Lehre als Ketzerei auszuschreien, das anzunehmen, ist geradezu lächerlich. Es ist wahr, unsere Gegner berufen sich auch zuweilen auf das Bekenntniß unserer Kirche; aber sie thun das erstlich offenbar nur deswegen, weil wir uns darauf so freudig berufen, und sodann verkünsteln und verdrehen sie das Bekenntniß auf eine Weise, daß sich ein jeder ehr- und wahrheitliebende Mensch, welcher Trugschlüsse zu durchschauen vermag, davor entsetzen muß. Den traurigen Beleg für diese Behauptung erhalten wir nun auf Seite 18 bis 21 des Stellhorn'schen Tractates.

Daselbst führt Prof. St. folgende längere Stelle der Concordienformel an:

„Derwegen, wenn man von der ewigen Wahl oder von der Prädestination und Verordnung der Kinder Gottes zum ewigen Leben recht und mit Frucht gedenken oder reden will, soll man sich gewöhnen, daß man nicht von der bloßen, heimlichen, verborgenen, unausforschlichen Vorsehung Gottes speculire, sondern wie der Rath, Vorsatz und Verordnung Gottes in Christo JEsu, der das rechte wahre Buch des Lebens ist, durch das Wort uns geoffenbaret wird, nämlich, daß die ganze Lehre von dem Vorsatz, Rath, Willen und Verordnung Gottes, belangend unsere Erlösung, Beruf, Gerecht- und Seligmachung, zusammengefaßt werde; wie Paulus also diesen Artikel handelt und erkläret Röm. 8, 29 f. Eph. 1, 4 f., wie auch Christus in der Parabel Matth. 22, 1 f., nämlich, daß Gott in seinem Vorsatz und Rath verordnet habe:

„1. Daß wahrhaftig das menschliche Geschlecht erlöset und mit Gott versöhnet sei durch Christum, der uns mit seinem unschuldigen Gehorsam, Leiden und Sterben Gerechtigkeit, die vor Gott gilt, und das ewige Leben verdienet habe.

„2. Daß solch Verdienst und Wohlthaten Christi durch sein Wort und Sacrament uns sollen vorgetragen, dargereicht und ausgetheilt werden.

„3. Daß er mit seinem Heiligen Geist durch das Wort, wann es geprediget, gehört und betrachtet wird, in uns wolle kräftig und thätig sein, die Herzen zu wahrer Buße bekehren und im rechten Glauben erhalten.

„4. Daß er alle die, so in wahrer Buße durch rechten Glauben Christum annehmen, gerecht machen, sie zu Gnaden, zur Kindschaft und Erbschaft des ewigen Lebens annehmen wolle.

„5. Daß er auch, die also gerechtfertigt, heiligen wolle in der Liebe; wie St. Paulus Eph. 1, 4. sagt.

„6. Daß er sie auch in ihrer großen Schwachheit wider Teufel, Welt und Fleisch schützen und auf seinen Wegen regieren und führen, da sie straucheln, wieder aufrichten, in Kreuz und Anfechtung trösten und erhalten wolle.

„7. Daß er auch in ihnen das gute Werk, so er angefangen hat, stärken, mehren und sie bis ans Ende erhalten wolle, wo sie an Gottes Wort sich halten, fleißig beten, an Gottes Güte bleiben und die empfangenen Gaben treulich brauchen.

„8. Daß er endlich dieselbigen, so er erwählet, berufen und gerecht gemacht hat, auch im ewigen Leben ewig selig und herrlich machen wolle.

„Und hat Gott in solchem seinem Rath, Vorsatz und Verordnung nicht allein ingemein die Seligkeit bereitet, sondern hat auch alle und jede Personen der Auserwählten, so durch Christum sollen selig werden, in Gnaden bedacht, zur Seligkeit erwählt, auch verordnet, daß er sie auf die Weise, wie jetzt gemeldet, durch seine Gnade, Gaben und Wirkung dazu bringen, helfen, fördern, stärken und erhalten wolle.

„Dieses alles wird nach der Schrift in der Lehre von der ewigen Wahl Gottes zur Kindschaft und ewigen Seligkeit begriffen, soll auch

5

darunter verstanden und nimmer ausgeschlossen noch unterlassen
werden, wenn man redet von dem Vorsatz, Vorsehung, Wahl und
Verordnung Gottes zur Seligkeit. Und wenn also nach der Schrift
die Gedanken von diesem Artikel gefaßt werden, so kann man sich
durch Gottes Gnade einfältig darein richten." (S. 707—709.) —
Was will nun Herr Prof. St. aus dieser Stelle erweisen? —
Er sagt dies selbst, wenn er nach diesem Citat aus der Concordienformel also fortfährt:

„Hieraus sieht man nun zunächst, was die Concordienformel alles zur Gnadenwahl rechnet; nämlich viel mehr,
als blos die Auswahl der Personen, die selig werden sollen,
und die damit verbundene Verordnung, diese nun auch auf dem
Wege des Glaubens wirklich selig zu machen. Sie nimmt nämlich außerdem noch alles das hinzu, was in den obigen 8 Punkten
steht und den Heilsweg für alle Menschen enthält. Sie redet
darnach von der Gnadenwahl im weiteren Sinne, wie wir
mit unseren Vätern sagen, und nicht im engeren Sinne, wie
die St. Louiser behaupten."

Unter Gnadenwahl verstehen also unsere Herren Gegner im
Grunde nichts weiter, als den allgemeinen göttlichen Gnadenrathschluß, alle Menschen, welche an Christum bis ans Ende glauben würden, selig zu machen. Dieser für alle Menschen gefaßte Beschluß vom
Wege zur Seligkeit könne nämlich deswegen Gnadenwahl genannt werden, weil ja Gott vorausgesehen habe, welche sich in die festzusetzende
Ordnung des Heils schicken würden, und die daher auch Gott vor andern gewiß selig zu machen beschlossen habe. Wenn unsere Gegner
von einer Gnadenwahl reden, so ist das daher nur ein eitler Schein.
Sie verstehen darunter nur die Rechtfertigung und Seligmachung
der Gläubigen, und um den Schein zu erzeugen, daß sie auch eine
Gnadenwahl lehren, geben sie zu, daß Gott die Personen schon von
Ewigkeit gekannt habe, welche durch den Glauben gerecht und selig
werden würden. Ihr Gnadenwahlsrathschluß ist also dieser, daß
Gott diejenigen, von welchen er vorausgesehen, daß sie vermöge seiner
Heilsordnung gerecht und selig werden würden, noch hinterdrein
(nicht der Zeit, sondern dem Begriff nach) dazu erwählt habe, sie gerecht und selig zu machen! Nachdem sie also schon durch den Glauben gerecht und selig geworden sind, wählt sie Gott zu dem aus,

was sie schon sind! Um nun zu beweisen, daß auch unser Bekenntniß diesen baren Unsinn lehre, behaupten unsere Gegner, daß unser Bekenntniß „von der Gnadenwahl im weiteren Sinne und nicht im engeren Sinne rede."

Daß diese Behauptung durchaus falsch und grundlos ist, bedarf eigentlich gar keines Beweises. Wir wollen aber zum Ueberfluß dafür nur folgende 7 Gründe anführen.

Erstlich bezeugt die Concordienformel gleich zu Anfang ihrer Darlegung der Gnadenwahlslehre Folgendes: „Die ewige Wahl Gottes aber vel praedestinatio, das ist, Gottes Verordnung zur Seligkeit, gehet nicht zumal über die Frommen und Bösen, sondern allein über die Kinder Gottes, die zum ewigen Leben erwählet und verordnet sind, ehe der Welt Grund geleget ward." (S. 705.) Diese einzige Grundstelle genügt, die Behauptung unserer Gegner, das Bekenntniß rede von einer Wahl „im weiteren Sinne und nicht im engeren Sinne", als ein eitles Gedicht zu offenbaren. Wir fürchten, jeden auch nur vernünftigen Leser, geschweige einen Christen, zu beleidigen, wollten wir dies erst weitläuftig nachweisen. Denn wer auch nur bis 3 zählen kann, sieht ein, wenn die Concordienformel, wie sie sagt, von einer Wahl redet, die „nicht zumal über die Frommen und Bösen, sondern allein über die auserwählten Kinder Gottes gehet", daß es rein unmöglich ist, die Wahl gehe aber doch nach der Concordienformel zumal über Fromme und Böse und nicht allein über die auserwählten Kinder Gottes. Wer das nicht einsehen kann, dem ist eben nicht zu helfen, und wer es nicht einsehen will, der ist nichts Besseres werth, als daß er in seinem Irrthum stecken bleibe.

Es ist aber auch zum andern nicht wahr, daß die Concordienformel „alles das" zur Gnadenwahl „hinzunehme, was in den acht Punkten steht und den Heilsweg für alle Menschen enthält." Die Concordienformel sagt ja nicht, daß das alles zur Gnadenwahl gehöre, sondern nur: „Wenn man von der ewigen Wahl oder von der Prädestination und Verordnung der Kinder Gottes zum ewigen Leben recht und mit Frucht gedenken und reden will, soll man sich gewöhnen, daß man nicht von der bloßen heimlichen, verborgenen, unausforschlichen Vorsehung Gottes speculire, sondern wie der

Rath, Vorsatz und Verordnung Gottes in Christo JEsu, der das rechte, wahre Buch des Lebens ist, durch das Wort uns geoffen= baret wird, nämlich daß die ganze Lehre von dem Fürsatz, Rath, Willen und Verordnung Gottes, belangend unsere Erlösung, Beruf, Gerecht= und Seligmachung, zusammengefaßt werde." Die Concordienformel sagt also nicht, was alles zur **Gnadenwahl** selbst, sondern was zur **Lehre** von der Gnadenwahl gehöre, oder was dazu gehöre, wenn man von der Gnadenwahl „recht und mit Frucht ge= denken und reden" wolle. Das sind aber zwei himmelweit von einander verschiedene Sachen. So kann man z. B. von der **Recht= fertigung** nur dann „recht und mit Frucht gedenken und reden", wenn man auch in der Lehre von derselben die ganze Lehre vom **Fall der Menschen in Sünde,** Gottes Zorn und geistlichen Tod und von der **Erlösung durch Christum** 2c. „zusammenfaßt." Aber wer ist so unverständig, zu behaupten, wenn das geschehe, so rede man von einer Rechtfertigung „im weiteren und nicht im engeren Sinne", die Erbsünde und die Erlösung sei ein Theil, wohl gar der Haupttheil der Rechtfertigung? — wie denn Herr Prof. St. in Chicago auf der Allgemeinen Pastoralconferenz ausdrücklich gesagt hat, der Inhalt der acht Punkte bilde nach der Concordienformel den „**Haupttheil der Wahl**"! (S. Bericht S. 19.) Ein auf= merksamer Leser der Concordienformel sieht übrigens auch bald, warum die Concordienformel fordert, daß man bei dem Vortrag der Lehre von der Wahl den ganzen Inhalt der acht Punkte vor allem vortragen solle. Es hatten's nämlich damals auch manche reine Lehrer, welche die Wahl sonst richtig dargestellt hatten, dadurch versehen, daß sie nur „von der bloßen, heimlichen, verborge= nen, unausforschlichen Vorsehung Gottes" gehandelt hatten, ohne zugleich davon zu sprechen, was Gott alles an seinen Auserwählten thue, auf welchem Wege er sie zur Seligkeit führe u. s. w. Da= durch waren viele theils in große Anfechtungen, theils in fleischliche Sicherheit gerathen, so daß die Leichtfertigen dachten: „Bin ich denn zur Seligkeit versehen, so kann mirs daran nicht schaden, ob ich gleich ohne Buß allerlei Sünde und Schande treibe" 2c., und daß die an= dern, welche in wahrer Buße standen, dachten; „Wenn du aber nicht von Ewigkeit zur Seligkeit versehen bist, so ists doch alles umsonst." (S. 706.) Damit nun die Leute, so weit es Menschen zu verhüten vermögen, auf solche Gedanken gar nicht kommen könnten, soll nach der Concordienformel ein Prediger, so oft er von der Wahl handelt, auch davon handeln, worauf dieselbe gegründet sei, nämlich auf Christi Weltversöhnung, auf welche Weise Gott die Auserwählten zur Seligkeit führe, nämlich auf dem allgemeinen Heilswege. Denn dann sieht der Gottlose, wenn er sich nicht auf diesem Wege finden läßt, daß er sich der Wahl nicht trösten könne, und der um seine Seligkeit bekümmerte bußfertige und gläubige Christ, daß er keine Ursache habe, sich vor der heimlichen Versehung, wie vor einem über ihm schwebenden Gewitter, zu fürchten, sondern daß er in dem Evangelium, das er ja im Glauben angenommen hat, die Offenbarung seiner Wahl erblicken solle.

Es ist aber auch drittens nicht wahr, daß in den acht Punkten von dem Gnadenrathschluß geredet werde, sofern derselbe für alle Menschen da ist. Es erhellt das Gegentheil daraus, daß die Concordienformel sagt, alle die in den acht Punkten vorkommenden Lehren müßten „zusammengefaßt werden, wie Paulus also diesen Artikel handelt und erklärt Röm. 8, 29. ff. Ephes. 1, 4. ff." Wie verfährt aber Paulus in diesen Stellen? Da handelt er bei der Darstellung der Lehre von der Gnadenwahl allerdings auch von der Erlösung, Berufung, Rechtfertigung, Heiligung und Beständigkeit, aber nur, sofern diese Werke Gottes die Auserwählten, nicht sofern sie alle Menschen betreffen; denn hiervon hatte Paulus u. a. in den sieben ersten Capiteln seines Briefes an die Römer gehandelt. Daß die Concordienformel in den sieben ersten Punkten nur von den Auserwählten geredet habe, zeigt sie auch selbst an, indem sie im achten Punkte, das Gesagte recapitulirend, mit den Worten schließt: „daß er endlich dieselbigen, so er erwählt, berufen und gerecht gemacht hat, auch im ewigen Leben ewig selig und herrlich machen wolle." Dieses ist aber nichts anderes, als eine Wiederholung der Worte Pauli Röm. 8, 29—30.

Unsere Gegner berufen sich aber darauf, daß es in der Concordienformel gleich nach den acht Punkten weiter heißt: „Und hat Gott in solchem seinem Rath, Fürsatz und Verordnnng nicht allein ingemein die Seligkeit bereitet." Hieraus, so sprechen unsere Gegner, gehe ja klar hervor, daß in den vorhergehenden acht Punkten von der allgemeinen Heilsordnung gehandelt werde. Darauf ant=

worten wir viertens: Allerdings; aber nicht, insofern die
Heilsordnung für alle Menschen da ist, sondern insofern Gott
die Auserwählten auf keinem anderen Wege und in keiner anderen
Ordnung zur Seligkeit führet, als wie er alle Menschen zur Selig=
keit führen will. Dieses sehen wir erstlich daraus, daß es in der von
unserer Kirche angenommenen lateinischen Uebersetzung heißt:
„Und zwar hat Gott in jenem seinem Rath, Fürsatz und Verordnung
nicht allein ingemein die Seligkeit der Seinen (salutem suo-
rum) bereitet; aus welchen Worten ja unwidersprechlich hervor=
geht, daß im Vorhergehenden nicht von allen Menschen, son=
dern von denen die Rede gewesen ist, welche Gott „die Seinen"
nennt, also von den Auserwählten. Hierzu kommt noch fünf=
tens, daß in demselben Abschnitt gesagt wird, Gott habe die Aus=
erwählten „verordnet, daß er sie auf die Weise, wie jetzt ge=
meldet, durch seine Gnade, Gaben und Wirkung darzu" (nämlich
zur Seligkeit) „bringen, helfen, fördern, stärken und erhalten wolle."
(S. 708.) Nur muthwillige Bosheit, oder eine selten vorkommende
außerordentliche Beschränktheit des Verstandes, oder fanatische Ver=
blendung kann es daher leugnen, daß in den acht Punkten „die
Weise gemeldet" wird, wie Gott die Auserwählten zur
Seligkeit bringen, helfen, fördern, stärken und erhalten wolle. —
Dieses Verständniß fordern sechstens selbst die Regeln des Denkens
und Redens. Der Schlußsatz lautet so: „Und hat Gott in solchem
seinem Rath, Fürsatz und Verordnung nicht allein ingemein
die Seligkeit bereitet, sondern hat auch alle und jede Personen
der Auserwählten, so durch Christum sollen selig werden, in
Gnaden bedacht, zur Seligkeit erwählt" 2c. Hätte die Concordien=
formel nun sagen wollen, was Prof. St. und seine Genossen ihr
unterschieben, so hätte sie so reden müssen: „Und hat Gott in seinem
Rath, Fürsatz und Verordnung nicht allein ingemein allen Men=
schen die Seligkeit bereitet, sondern hat auch diejenigen zur Selig=
keit besonders erwählt, von denen er voraussah, daß sie sich gegen
die Gnade recht verhalten, sich bekehren und zum Glauben bringen
lassen, an Gottes Wort sich halten, fleißig beten, an Gottes Güte
bleiben, und die empfangenen Gaben treulich brauchen" würden.
Aber die Concordienformel setzt hier nicht „allen Menschen" inge=
mein die Auserwählten ingemein, sondern vielmehr die Auser=

wählten ingemein den einzelnen Personen unter den Auserwählten insonderheit einander entgegen. Die Worte: „alle und jebe Personen der Auserwählten" im Nachsatz fordern, daß unter denen, welchen nach dem Vordersatz die Seligkeit „ingemein" bereitet ist, nicht alle Menschen, sondern die Auserwählten, aber ingemein gedacht, zu verstehen sind. Die Concordienformel will also offenbar dieses sagen, daß Gott nicht nur überhaupt festgestellt habe, auf welchem Wege er die Auserwählten ingemein zum Himmel führen wolle, sondern daß er auch über einen jeden einzelnen Auserwählten Rath gehalten, wie er ihn durch alle Hindernisse hindurch auf dem schmalen Wege zur Seligkeit führen wolle; wie denn dies Seite 714, § 45—47. überaus tröstlich vorgestellt wird.

Endlich wird siebentens auch am Schluß der citirten Stelle (S. 707—709) ausdrücklich gesagt, daß im Vorhergehenden nicht davon die Rede sei, was alles Gnadenwahl selbst sei, sondern von dem, was alles „nach der Schrift in der Lehre von der ewigen Wahl Gottes begriffen sei". Wer das mit einander verwechselt und beides für eins und dasselbe ansieht, dem können wir nur wünschen, daß ihm, wenn er in diesem Lehrstreit mitreden will, der liebe Gott ein wenig mehr Verstand bescher; denn wer jenen Unterschied nicht capiren kann, überschätzt seine Geisteskräfte, wenn er sich für dazu berufen ansieht, an diesem Streite (vielleicht sogar schriftstellerisch) theilzunehmen. (Selbstverständlich fällt es uns nicht ein, hierbei auf unseren Tractatschreiber sticheln zu wollen.)

Wenn übrigens Prof. St. auf der Conferenz in Chicago vom Inhalt der acht Punkte gesagt hat, daß derselbe gerade den „Haupttheil" der Wahl bilde (S. 19), das „Hauptstück" derselben sei, derjenige Theil, der uns „allein etwas angehe", während wir uns um den anderen Theil „nicht kümmern" sollen (siehe den Chicagoer Conferenzbericht S. 21), so konnte der Herr Professor wohl kaum etwas Thörichteres aussprechen. Die Concordienformel besteht bekanntlich aus zwei Abtheilungen. Die kurze erste Abtheilung der Concordienformel, genannt „Epitome", enthält einen kurzen Auszug der zweiten, genannt „Solida declaratio" oder „Gründliche Erklärung". Wenn nun ein verständiger Mensch einen kurzen Auszug aus einer ausführlichen Darstellung gibt, so nimmt er

natürlich die „Hauptstücke" auf und den weniger wesentlichen
Inhalt läßt er weg. In der „Epitome" findet sich aber
nichts von den acht Punkten! Hieraus geht unwidersprechlich
hervor, daß der Inhalt derselben nach den Verfassern der Concordien=
formel nicht den „Haupttheil" der Lehre von der Gnadenwahl
bildet, nicht das „Hauptstück" derselben ist, sondern im Gegentheil
dasjenige, was zu dem weniger Wesentlichen gehört. Deut=
licher hat daher Herr Prof. St. nicht offenbaren können, daß seine
Gnadenwahlslehre mit der in unserem kirchlichen Bekenntniß dar=
gelegten nichts gemein hat. Denn nach ihm ist das weniger Wesent=
liche die Hauptsache, und was nach unserem Bekenntniß die Haupt=
sache ist, ist ihm das weniger Wesentliche. Das mag sich denn der
liebe Leser merken.

Endlich können wir uns in die Seele Herrn Prof. Stellhorn's
gar nicht finden, daß er es gewagt hat, auch folgende Worte der
Concordienformel in seinen Tractat mit aufzunehmen:

„Gott hat auch alle und jede Personen der Auserwählten,
so durch Christum sollen selig werden, in Gnaden bedacht, zur Selig=
keit erwählt, auch **verordnet,** daß er sie auf die Weise, wie
jetzt gemeldet, durch seine Gnade, Gaben und Wirkung
darzu bringen, helfen, fördern, stärken und erhalten
wolle." (S. 708.)

Gibt es irgend eine Stelle der Concordienformel, welche unsere
Lehre von der Gnadenwahl klar und deutlich ausspricht, daß nämlich
die Gnadenwahl (und zwar die im engeren Sinne, von der hier
nach Stellhorn's eigenem Zugeständniß die Rede ist) die Verordnung
nicht nur zur Seligkeit, sondern auch zu allem ist, was zu derselben
bringt 2c., also auch, und zwar vor allem, zum Glauben; gibt es
daher auch irgend eine Stelle, welche beweis't, daß die Gnadenwahls=
lehre unserer Gegner von unserer lutherischen Kirche längst verworfen
ist: so ist es diese Stelle. Herr Prof. St. war freilich in einer pein=
lichen Verlegenheit. Um aus den acht Punkten seinen angeblichen
Beweis vollständig zu führen, daß die Concordienformel eine Wahl
im weiteren Sinne lehre, mußte er die Stelle bis Seite 709
citiren. Hätte er nun zwar alles citirt, nur die Worte: „Gott hat
auch alle und jede Personen" 2c. bis zum Schluß: „erhalten wolle",
weggelassen, so wäre das, dies sah er recht gut ein, zu auffällig ge=

wesen. So citirte er sie denn mit und überließ es der Zukunft, ob man auf die Worte, von denen er natürlich die für ihn schlimmsten nicht unterstrich, aufmerksam werden werde. Darauf konnte er sich freilich verlassen, daß die Leser, für welche er seinen Tractat zunächst ausgearbeitet hat, auf die Worte, die er ja nicht durch Druck hervorgehoben hatte, kein Gewicht legen, dieselben vielmehr zu seinem Glück übersehen würden; aber daran scheint er dabei gar nicht gedacht zu haben, daß sein Tractat auch solchen Lesern vielleicht zufällig in die Hände kommen könnte, welche denselben mit kritischen Augen lesen würden. Ein Mann, dem so etwas gleich bei seinem ersten schriftstellerischen Versuch passiert, ist wirklich zu bedauern.

Auf Seite 20 ertappen wir leider Prof. St. zuguterletzt noch einmal auf einer Fälschung des Bekenntnisses. Erst führt er nämlich eine Stelle an, welche bezeugt, daß der vorausgesehene **Unglaube** der „Grund" der Verwerfung ist, und daraus will er lächerlicher Weise, wie alle Synergisten, beweisen, daß also auch der vorausgesehene **Glaube** der Grund der Erwählung sein müsse. Da wir jedoch diesem Trugschluß bereits im Tractat begegnet sind und denselben schon nach Würden beleuchtet haben, so gehen wir hier nicht wieder darauf ein. — Aber Folgendes müssen wir noch ans Licht ziehen, daß nämlich Herr Prof. St. hinzusetzt:

„Dasselbe wird in Müller's Ausg. S. 711, §§ 34—43 (St. L. Ausg. S. 482 f.) weitläufig ausgeführt, und namentlich hervorgehoben, daß Gott in seinem Rath verordnet hat, daß **er alle die, so durch rechten Glauben Christum annehmen**, gerecht und selig machen wolle." (S. 20 f.) Was hier einmal unterstrichen ist, ist auch im Tractat einmal unterstrichen, und was hier doppelt unterstrichen ist, findet sich auch im Tractat doppelt unterstrichen.

Hieraus soll der Leser schließen, daß die Concordienformel lehre, jeder Auserwählte sei in Ansehung dessen erwählt, „daß er durch rechten Glauben Christum annehmen werde." Und in der That, wer Herrn Prof. Stellhorn traut und die Stelle nicht selbst nachschlägt, wird auch meinen, die Sache sei hiermit wirklich klar erwiesen.

Aber wie lautet die aus der Concordienformel greulich verstümmelt angeführte, freilich schlau genug diesmal ohne An-

— 74 —

führungszeichen (!) angeführte, aber von Prof. St. doppelt unterstrichene Stelle in ihrem Zusammenhang? Sie lautet folgendermaßen:

„Wie Gott in seinem Rath verordnet hat, daß der Heilige Geist die Auserwählten durchs Wort berufen, erleuchten und bekehren und daß er alle die, so durch rechten Glauben Christum annehmen, gerecht und selig machen wolle: also hat er auch in seinem Rath beschlossen, daß er diejenigen, so durchs Wort berufen werden, wenn sie das Wort von sich stoßen und dem Heiligen Geist, der in ihnen durchs Wort kräftig sein und wirken will, widerstreben, und darin verharren, sie verstocken, verwerfen und verdammen wolle." (S. 712 f.)

Worin besteht nun Herrn Stellhorn's schlaue Verfälschung? — Er schreibt, in unserem Bekenntniß werde „hervorgehoben, daß Gott in seinem Rath verordnet hat, daß er alle die, so durch rechten Glauben Christum annehmen, gerecht und selig machen wolle"; und läßt die auf die Worte „verordnet hat" zunächst folgenden Worte, nämlich die Worte: „daß der Heilige Geist die Auserwählten durchs Wort berufen, erleuchten und bekehren", weg. Warum mag er diese Verstümmelung wohl vorgenommen haben? Offenbar aus keinem anderen Grunde, als um es so darzustellen, als lehre die Concordienformel in der von ihm angeführten Stelle dieses: Von wem Gott vorausgesehen hat, daß er Christum durch rechten Glauben annehmen werde, den habe er deswegen erwählt, nämlich gerade so, wie Gott den verworfen habe, von dem er vorausgesehen habe, daß er Christum verwerfen werde. Was sagt aber die Concordienformel? Erst sagt sie, daß Gott die Auserwählten verordnet habe, sie zu berufen, zu erleuchten und zu bekehren und alle die, welche nach dieser Verordnung zum Glauben kommen, gerecht und selig zu machen; sodann kehrt sie die Rede um und sagt, diejenigen aber, welche widerstreben, und im Widerstreben beharren, seien die nach Gottes Rath Verworfenen. Die Gelehrten würden die Sache so ausdrücken: In dem ersten Satz sind die Auserwählten das Subject und das Glauben und Seligwerden das Prädicat; in dem andern Satz sind die Widerstrebenden das Subject und das Verworfenwerden das Prädicat; aber St. dreht das zu seinem Zweck so, als ob im ersten Satz das Subject die vorausgesehenen Gläubigen wären und das Prädicat die Erwählung, gerade wie im zweiten Satz das Subject die vorausgesehenen Ungläubigbleibenden und das Prädicat die Verwerfung ist. Die Fälschung ist freilich fein, so daß sie ein einfacher Christ nicht leicht merkt, wenn er nicht darauf aufmerksam gemacht wird; aber sie ist um so schändlicher. Oder sollte ein Mann, wie Prof. St., nicht gewußt haben, was er that? Nun, wir wollen es hoffen. In keiner Stelle kann übrigens ein gewaltigeres Zeugniß gegen die Lehre unserer Gegner gefunden werden, als in der, welche St. für dieselbe hier citirt. Denn gerade der feine Unterschied, der hier gemacht wird, daß nämlich nicht gesagt wird, die vorausgesehenen Gläubigen sind die Auserwählten (was an sich ganz richtig ist) und die vorausgesehenen Ungläubigen sind die Verworfenen, sondern daß vielmehr gesagt wird, die Auserwählten kommen zum Glauben an Christum und die Verächter Christi sind die Verworfenen — das zeigt an, daß wohl die Verworfenen um ihres Unglaubens willen verworfen, aber nicht die Auserwählten um ihres Glaubens willen erwählt sind, sondern umgekehrt, daß die ersteren um ihres Unglaubens willen Verworfene, die letzteren um ihrer Erwählung willen seligwerdende Gläubige sind. Diese durch den ganzen elften Artikel der Concordienformel auf das herrlichste auseinandergelegte Lehre ist uns ein köstlicher theurer Schatz, den wir für aller Welt Gut nicht hergeben würden; unseren Gegnern aber, die von rationalistischen und synergistischen Anschauungen völlig beherrscht werden, ist diese Lehre ein Greuel. Wenn sie nun dabei zugeständen, daß es allerdings die Lehre des lutherischen Bekenntnisses sei, so wäre Hoffnung, daß sie bald durch Gottes Wort und Gnade noch zur Besinnung kommen könnten; daß sie aber unser theures Bekenntniß verstümmeln und verdrehen, um den Leuten weiszumachen, daß ihre Lehre die Lehre des lutherischen Bekenntnisses sei, das macht uns für die Zukunft unserer americanisch-lutherischen Kirche zittern. Wie herrlich schien sich dieselbe doch zu entfalten! Wie fanden sich doch von Jahr zu Jahr immer mehr nicht nur einzelne Personen, sondern auch ganze Synoden herzu, die vormals wider die Wahrheit gekämpft hatten, und endlich die Waffen niederlegten und sich mit uns unter das alte gute Banner der reinen evangelischen Lehre scharten, und nun — o man möchte

blutige Thränen weinen! — tritt ein Mann auf — Gott weiß es,
warum? —, erklärt die reine lutherische Lehre für fluchwürdigen
Calvinismus, und gar manche von denen, die längere Zeit „fein
liefen", haben sich plötzlich „aufhalten" (Gal. 5, 7.) und ihre „Sinne
von der Einfältigkeit in Christo verrücken" lassen; und sie freuen sich
nun, daß der ganze Troß der Synergisten und Rationalisten in den
andern Synoden, selbst die großen Gelehrten Deutschlands ihnen zu-
jauchzen. Die Hoffnung für ein Herrschendwerden der reinen alten
lutherischen Kirche in America scheint damit zu Grabe getragen zu
sein. Gott erbarme sich aller derjenigen, welche dies verschuldet
haben!

Doch wir eilen zum Ende.

Nur Folgendes sei noch bemerkt:

Erstlich behauptet Herr St. auf der vorletzten Seite seines Tractats, S. 21, der Ausdruck „in Ansehung des Glaubens" stehe
allerdings noch nicht im lutherischen Bekenntniß. Aber kurz nach
dem Erscheinen desselben hätten dies unsere Theologen zum Feldgeschrei aller wahren Lutheraner gemacht, wie einst die alte Kirche in
den arianischen Streitigkeiten den Ausdruck „wesensgleich"
(homousios). Dabei müsse daher auch ein rechter Lutheraner bleiben
und alle, die in dieses Feldgeschrei nicht einstimmen, müsse er nun
als Ketzer ansehen, wie einst diejenigen für Ketzer angesehen worden
seien, welche das Wort „wesensgleich" nicht hätten annehmen wollen.
Es ist das eine wahre Schmach für unsere Kirche. Also selbst an
einen bloßen Kunstausdruck, welchen unsere Kirche in keiner öffentlichen Schrift sanctionirt hat, sondern welchen sich die alten Dogmatiker ausgesonnen und in ihren Privatschriften gebraucht haben
und der sich durch Ueberlieferung von einem Theologen zum anderen
unglückseliger Weise bis heute fortgepflanzt hat, an den will man
eines Lutheraners Gewissen binden! an einen theologischen Kunstausdruck, den die alte Kirche seit Augustin und die lutherische Kirche
bis unmittelbar nach der Concordienformel sogar verworfen hat!
Eine schändlichere Verleugnung der christlichen Freiheit und eine er-
bärmlichere Nachsprecherei irrthumsfähiger Menschen kann es kaum
geben. —

Finis coronat opus! so heißt ein altes Sprichwort. Das
heißt: „Das Ende krönt das Werk." Wie krönt nun das Ende

das Werk des Stellhorn'schen Tractätchens? So lesen wir auf der
vorletzten, der 21., Seite: „Deshalb" (nämlich weil wir St. Louiser
die Lehre von der Erwählung „in Ansehung des Glaubens" nicht an=
nehmen) „sind sie (die St. Louiser) in diesem Stücke nicht mehr treue
Lutheraner, sondern **haben sich, leider, hierin zu den alten
Erzfeinden der reinen, lutherischen Lehre, zu den Calvinisten,
geschlagen."** — Seitdem Herr Prof. St. nicht mehr in unserem
Brote steht, denn vorher stand er anders, ist es ihm also nicht genug,
uns der falschen Lehre zu bezichtigen, ja, es ist ihm selbst nicht genug,
in das rohe, wüste Geschrei von „Altes und Neues" einzustimmen:
„Calvinismus! Calvinismus!" — nein, er geht, um sich bei seinen
neuen Brotherren recht beliebt zu machen, nun so weit, uns als Men=
schen zu brandmarken, die sich „zu den alten Erzfeinden der
reinen, lutherischen Lehre, zu den Calvinisten, geschla=
gen haben", das heißt, in diesem Punkte mit vollem Bewußtsein
ihre Bundesgenossen geworden sind. Wir können hierbei nur mit
dem Heiland beten: „Vater, vergib ihm; denn er weiß nicht, was
er thut!" Wenn er aber freilich am Schluß schreibt: „Ich habe diese
Antwort nach bestem Gewissen gegeben, mit Wissen und Willen nichts
verdeckt oder verdreht", — so mag er das selbst mit seinem Gott aus=
machen. Was aber dabei auch immer das Resultat seiner Prüfungen
vor dem Angesichte Gottes sein mag, so ist und bleibt doch das gewiß,
daß Prof. Stellhorn's Tractat von Verdrehungen wimmelt und daß
derselbe keine andere Absicht hat, als die göttliche Wahrheit in Betreff
der Lehre von der Gnadenwahl vermittelst der elendesten Sophiste=
reien zu bekämpfen. Wir müssen daher unser Gegenschriftchen mit
demselben Vers beschließen, mit welchem wir es begonnen haben:

Willst du den Trug und die Mängel des Buches verbessern,
so brauchst du
Wenige Mühe — Ein Strich durch das Ganze genügt.

www.ingramcontent.com/pod-product-compliance
Lightning Source LLC
Chambersburg PA
CBHW020333090426
42735CB00009B/1524